LES ZOOM'S

EXERCICES
AVEC CORRIGÉS DÉTAILLÉS

FISCALITÉ FRANÇAISE 2015

9e ÉDITION
2015

BÉATRICE ET FRANCIS GRANDGUILLOT

sont professeurs de comptabilité et de gestion dans plusieurs établissements d'enseignement supérieur. Ils sont également auteurs de nombreux ouvrages dans ces matières.

Des mêmes auteurs

Collection Les Zoom's

- Fiscalité française 2015
- Exercices de fiscalité française avec corrigés 2015
- Comptabilité générale – 2014/2015
- Exercices de comptabilité générale avec corrigés – 2014/2015
- Analyse financière – 2014/2015
- Exercices d'analyse financière avec corrigés détaillés – 2014/2015
- Comptabilité de gestion – 2014/2015
- Comptabilité des sociétés – 2014/2015

Collection En Poche

- Fiscal 2015
- Droit des sociétés – 2014/2015
- Comptable – 2014/2015
- Analyse financière – 2014/2015

Collection Carrés Rouge

- L'essentiel du Droit fiscal 2015
- L'essentiel de la Comptabilité générale 2014 : modélisation comptable, opérations courantes
- L'essentiel de la Comptabilité générale 2014 : opérations d'inventaire, comptes annuels
- L'essentiel de l'Analyse financière – 2014/2015
- L'essentiel de la Comptabilité de gestion 2014
- L'essentiel du Contrôle de gestion 2014
- L'essentiel du Droit des sociétés 2015

Collection Expertise Comptable

- Carrés DCG 4 – Droit fiscal – 2014/2015 (avec Pascale Recroix)
- Carrés Exercices corrigés DCG 4 – Droit fiscal – 2014/2015 (avec Pascale Recroix)
- Carrés DCG 9 – Introduction à la comptabilité – 2014/2015
- Carrés Exercices corrigés DCG 9 – Introduction à la comptabilité – 2014/2015

LES ZOOM'S

BÉATRICE ET FRANCIS GRANDGUILLOT

EXERCICES
AVEC CORRIGÉS DÉTAILLÉS

FISCALITÉ FRANÇAISE 2015

9e ÉDITION 2015

À JOUR DE LA LOI DE FINANCES RECTIFICATIVE POUR 2014, DE LA LOI DE FINANCES POUR 2015 ET DE LA LOI DE FINANCEMENT DE LA SÉCURITÉ SOCIALE POUR 2015

Gualino
lextenso éditions

LES ZOOM'S

LA COLLECTION TRAITE DE :

- **La comptabilité :** Comptabilité générale – Comptabilité de gestion – Comptabilité des sociétés
- **L'analyse financière**
- **La fiscalité**
- **Le droit :** Introduction au droit – Droit des sociétés – Droit commercial et des affaires – Droit social – Institutions de la France – Institutions de l'Union européenne
- **L'économie**
- **Le marketing**
- **Les relations humaines**

70, rue du Gouverneur Général Éboué
92131 Issy-les-Moulineaux cedex
ISBN 978 - 2 - 297 - 04814 - 9
ISSN 1288-8184

Présentation

*L'ensemble des connaissances relatives à la fiscalité française (ou Droit fiscal) en vigueur en **2015** est développé par le livre de « **Fiscalité francaise 2015** » rédigé par les mêmes auteurs et publié dans la même collection.*

La mise en œuvre de ces connaissances vous est facilitée par le présent ouvrage. Six thèmes sont développés successivement :

Taxe sur la valeur ajoutée
Imposition des résultats de l'entreprise (BIC – IS)
Impôts sur le revenu
Imposition sur le capital
Impôts directs locaux
Autres impositions et épargne salariale

*Ces 82 exercices de Fiscalité **2015** avec leurs corrigés détaillés vous permettent de vous entraîner et de pratiquer la fiscalité qui s'applique aux entreprises et aux personnes physiques.*

*Cette nouvelle édition **2015** est entièrement à jour à sa publication. Elle tient compte des plus récentes modifications législatives et réglementaires, notamment la loi de finances pour 2015, la loi de finances rectificative pour 2014 et la loi de financement de la Sécurité sociale pour 2015.*

Cet ouvrage, véritable outil de travail et d'entraînement, s'adresse à tous les étudiants des facultés de droit et de sciences économiques, à ceux des Licence/Master Comptabilité - Contrôle - Audit (CCA), aux étudiants des BTS Tertiaires et aux étudiants en Écoles de Management.

Béatrice et Francis Grandguillot ont publié chez le même éditeur :

- **L'essentiel du Droit fiscal 2015** – coll. ***Carré Rouge***, 16e édition
- **Fiscal 2015** – Coll. ***En poche***, 9e édition

Sommaire

Partie 2
L'imposition des résultats de l'entreprise (BIC – IS)

Partie 3
Les impôts sur le revenu (IR)

Partie 4
L'imposition sur le capital

Partie 5

Les impôts directs locaux, les autres impositions et l'épargne salariale

PARTIE 1

La taxe sur la valeur ajoutée (TVA)

THÈME 1

La TVA : principes, champ d'application, territorialité

EXERCICE 1 Opérations imposables à la TVA

Lors d'un entretien d'embauche dans un cabinet d'expertise comptable, vous êtes soumis à un test de connaissance relatif aux opérations imposables à la TVA. À cet effet, il vous est fourni un tableau récapitulant des opérations réalisées par un assujetti :

Nature des opérations	Opérations		
	Imposables	Exonérées sans option	Exonérées avec option
A - Ventes de marchandises en France	☐	☐	☐
B - Location de logiciels	☐	☐	☐
C - Cession d'un immeuble achevé depuis quatre ans	☐	☐	☐
D - Location d'un entrepôt nu à une entreprise	☐	☐	☐
E - Cession d'un brevet	☐	☐	☐
F - Achats de marchandises auprès de fournisseurs établis dans des États de l'Union européenne	☐	☐	☐
G - Ventes de marchandises auprès de clients, établis à l'étranger, hors Union européenne	☐	☐	☐
H - Encaissements d'intérêts d'un prêt consenti à un salarié	☐	☐	☐
I - Location d'un appartement meublé à un salarié	☐	☐	☐

Nature des opérations	Opérations		
	Imposables	Exonérées sans option	Exonérées avec option
*J - Installation de rayonnages fabriqués par l'entreprise elle-même**	☐	☐	☐
K - Utilisation par un salarié d'un fourgon pour ses déplacements privés	☐	☐	☐
L - Acquisition d'une immobilisation	☐	☐	☐

* L'acquisition du même bien aurait ouvert droit à déduction intégrale de la TVA

- *Cocher la bonne réponse en la justifiant.*
- *Indiquer l'intérêt d'opter pour l'imposition de certaines opérations exonérées.*

CORRIGÉ

1 – L'analyse des opérations

Les opérations ***A, B, C, E*** et ***L*** sont des ***opérations imposables par nature*** :

– ***A, C*** et ***L*** → livraison de biens (meubles et immeubles) à titre onéreux

– ***B*** et *E* → prestations de services à titre onéreux

Les opérations ***F*** et ***K*** sont des ***opérations imposables par une disposition expresse de la loi*** :

– ***F*** → acquisition intracommunautaire

– ***K*** → livraison à soi-même de biens ou de services, le bien est affecté à des besoins autres que ceux de l'entreprise

Les opérations ***D, G, H*** et ***I*** sont des ***opérations exonérées*** ; toutefois, l'opération ***D*** peut être imposée sur option :

– ***D*** → location d'un local nu à usage professionnel

– ***G*** → exportation

– ***H*** → opération financière

– ***I*** → location meublée à usage d'habitation

L'opérations ***J*** est une livraison à soi-même d'immobilisation qui ***n'est plus taxable depuis le 21 décembre 2014 conformément à la loi relative à la simplification de la vie des entreprises***. En effet, ne sont plus taxables les livraisons à soi-même d'immobilisations dont la TVA ouvre intégralement droit à déduction.

Nature des opérations	Opérations		
	Imposables	Exonérées sans option	Exonérées avec option
A - Ventes de marchandises en France	■	□	□
B - Location de logiciels	■	□	□
C - Cession d'un immeuble achevé depuis quatre ans	■	□	□
D - Location d'un entrepôt nu à une entreprise	□	□	■
E - Cession d'un brevet	■	□	□
F - Achats de marchandises auprès de fournisseurs établis dans des États de l'Union européenne	■	□	□
G - Ventes de marchandises auprès de clients, établis à l'étranger, hors Union européenne	□	■	□
H - Encaissements d'intérêts d'un prêt consenti à un salarié	□	■	□
I - Location d'un appartement meublé à un salarié	□	■	□
J - Installation de rayonnages fabriqués par l'entreprise elle-même	□	■	□
K - Utilisation par un salarié d'un fourgon pour ses déplacements privés	■	□	□
L - Acquisition d'une immobilisation	■	□	□

2 – L'intérêt d'opter pour l'imposition de certaines opérations exonérées

L'option pour l'imposition à la TVA de certaines opérations exonérées (opération ***D*** par exemple) a pour conséquence :

– la collecte de la TVA auprès du client sur l'opération concernée ;

– la déductibilité de la TVA sur les achats relatifs à l'opération concernée en fonction du coefficient de déduction ;

– la dispense ou l'allègement de la taxe sur les salaires.

EXERCICE 2 Territorialité

La société Les chapiteaux de l'Iroise, implantée en bretagne, est spécialisée dans la fabrication et la réparation de chapiteaux. Elle réalise un certain nombre d'opérations internationales. Le gérant vous demande d'analyser les opérations fournies en annexe au regard de la TVA.

Annexe :

A - Ventes de chapiteaux à la Réunion

B - Ventes de chapiteaux au Portugal

C - Ventes de chapiteaux en Corse

D - Ventes de chapiteaux au Japon

E - Ventes de chapiteaux en Grèce (le client n'a pas fourni de numéro d'identification)

F - Réparation de chapiteaux effectuée dans les ateliers de l'entreprise pour un client italien assujetti à la TVA. Les chapiteaux réparés seront réexpédiés en Italie

G - Achats de toile en Espagne

H - Achats de fils au Maroc

I - Ravalement de l'immeuble dont l'entreprise est propriétaire par un prestataire anglais établi en Angleterre

J - Location d'un véhicule de tourisme, mis à disposition à Tunis, pour le directeur commercial (durée 10 jours)

K - Réparation de chapiteaux effectuée en Corse

L - Achat d'un billet de train à destination de Nice pour un ouvrier dans le cadre d'une réparation sur site

M - Achat de machines à coudre en Turquie

N - À la suite d'une vente à un client suisse, la société dispense une formation en bretagne au personnel suisse chargé de la réparation des chapiteaux

O - Achat d'un logiciel antivirus téléchargable à une société allemande installée à Berlin

- *Indiquer pour chaque opération :*
  - *sa nature ;*
  - *son régime territorial ;*
  - *si elle est soumise à la TVA française.*
- *Préciser le délai légal dont dispose la société pour établir ses factures relatives aux livraisons intracommunautaires exonérées de TVA.*

CORRIGÉ

1 – Le régime territorial des opérations

Le tableau suivant fournit pour chaque opération : sa nature, son régime territorial et son imposition à la TVA en France (en application des règles de territorialité des prestations de services en vigueur depuis 2010) :

Opérations	Nature	Régime territorial	TVA en France
A	Exportation	Externe	**NON**
B	Livraison intracommunautaire	Intracommunautaire	**NON**
C	Livraison de biens	Interne	**OUI**
D	Exportation	Externe	**NON**
E	Livraison intracommunautaire	Intracommunautaire	**OUI** numéro d'identification non fourni par le client
F	Travaux sur bien meubles corporels rendus à un preneur assujetti	Intracommunautaire	**NON** Application du principe général de taxation : autoliquidation de la TVA dans le pays du preneur assujetti
G	Acquisition intracommunautaire	Intracommunautaire	**OUI**
H	Importation	Externe	**OUI**
I	Services se rattachant à un immeuble	Intracommunautaire	**OUI** car l'immeuble est situé en France (dérogation au principe général)
J	Locations de moyens de transport de courte durée	Externe	**NON** car mis à disposition du véhicule dans un pays tiers (dérogation au principe général)
K	Travaux sur biens meubles corporels	Interne	**OUI**

Opérations	Nature	Régime territorial	TVA en France
L	Transports ferroviaires de voyageurs	Interne	**OUI**
M	Importation	Externe	**OUI**
N	Prestations immatérielles	Externe	**NON** prestations de formation liées à une exportation
O	Prestations de services électroniques	Intracommunautaire	**OUI** prestations taxées dans le pays membre de l'Union européenne du preneur assujetti ou non

2 – Le délai de facturation des livraisons intracommunautaires

Depuis 2013, les factures relatives aux livraisons intracommunautaires exonérées de TVA doivent être ***établies au plus tard le 15 du mois*** qui suit celui au cours duquel s'est produit le fait générateur (livraison du bien).

THÈME 2

L'exigibilité et la déductibilité de la TVA

EXERCICE 3 Taux et base d'imposition

La société Ekid est spécialisée dans la vente de produits de nutrition et de santé pour chevaux, ainsi que d'équipements pour écuries.

Un centre équestre a passé la commande suivante d'après les prix du catalogue :

– 3 bigbags d'une tonne d'aliments granulés à 315 € hors taxes le bigbag ;

– 4 palettes de 50 piquets en bois d'acacia traité à 1,75 € hors taxes le piquet ;

– 18 sacs de 10 kg de semences fourragères à 25,50 € hors taxes le sac ;

– 10 abreuvoirs, en résine de synthèse, à 28 € hors taxes l'unité.

Le centre équestre bénéficie d'une remise professionnelle de 15 %, les frais de transport (ventes conditions départ) s'élèvent à 85 € hors taxes majorés de 18 € pour livraison dans les 5 jours. Les quatre palettes sont consignées à 6 € l'une.

- *Calculer le montant total hors taxes de la facture et la base de calcul de la TVA.*
- *Déterminer le montant de la TVA facturée au client.*

CORRIGÉ

1 – Le montant hors taxes de la facture et la base de calcul de la TVA

a) Calcul du montant total hors taxes de la facture

Le montant total hors taxes de la facture correspond à la ***somme*** des prix de vente catalogue hors taxes, ***minorée*** de la remise de 15 % et ***augmentée*** des frais de transport, de la ***majoration*** pour livraison rapide et du ***montant de la consignation*** des emballages.

Soit :

Produits	Quantités	Prix unitaire	Montant hors taxes
Bigbags granulés	3	315,00	945,00
Piquets bois acacia	(50 x 4)	1,75	350,00
Sacs de semences	18	25,50	459,00
Abreuvoirs	10	28,00	280,00
	Total		2 034,00
	Remise 15 %		– 305,10
	Net hors taxes		1 728,90
	Transport		+ 85,00
	Majoration (livraison rapide)		+ 18,00
	Palettes consignées (4 x 6)		+ 24,00
	Montant total hors taxes		= 1 855,90

b) Base de calcul de la TVA

La base de calcul de la TVA est égale au ***montant total hors taxes, minoré*** du montant des emballages consignés qui sont, en principe, exclus de la base d'imposition, soit :

1 855,90 – 24,00 = 1 831,90 €

2 – Le montant de la TVA facturé au client

Il y a lieu de distinguer pour cette facture ***deux taux de TVA*** :

– le taux intermédiaire de 10 % qui s'applique aux produits destinés à un usage agricole (nourriture du bétail et semences fourragères) pour leur montant net hors taxes, soit :

base d'imposition : (945,00 + 459,00) – 15 % = 1 193,40 €

TVA : 1 193,40 x 10 % = 119,34 €

– le taux normal de 20 % qui s'applique aux autres produits (piquets et abreuvoirs) sur leur montant net hors taxes, aux frais de transport (ventes conditions départ) et à la majoration pour livraison rapide, soit :

base d'imposition : [(350,00 + 280,00) – 15 %] + 85,00 + 18,00 = 638,50 €

TVA : 638,50 x 20 % = 127,70 €

Le montant de la TVA facturée est égale à :

119,34 + 127,70 = 247,04 €

EXERCICE 4 Livraison de biens et prestations de services

La société Déco vend et pose des rideaux, des voilages et du tissu d'ameublement.

Durant le mois de juin, elle a réalisé les opérations suivantes :

- *2 juin : ventes au comptant par chèque de rideaux et de voilages pour un montant hors taxes de 1 420 € ;*
- *5 juin : reçu un chèque de 500 € d'un client correspondant à une avance sur une commande de tissu s'élevant à 2 990 €, livrable en juillet ;*
- *6 juin : reçu la livraison de rideaux et de voilages achetés en Espagne. La facture est jointe à la livraison et s'élève à 3 840 € toutes taxes comprises ;*
- *10 juin : émission d'une facture relative à la pose de tissu : montant hors taxes : 870 €, règlement à 30 jours par virement bancaire ;*
- *11 juin : reçu un chèque de 336 € de la part d'un client en règlement d'une facture du mois de mai, relative à la pose de voilages ;*
- *12 juin : reçu un chèque de 600 €, en règlement d'une facture d'acompte pour la pose de rideaux à effectuer en juillet ;*
- *13 juin : réception d'un billet à ordre relevé d'un montant : 2 631,20 €, en règlement d'une facture du 13 mai concernant la pose de tissu ; date d'échéance : 31 juillet ;*
- *27 juin : reçu la livraison de rouleaux de tissu achetés en Italie. La facture sera établie par le fournisseur en date du 15 juillet ;*
- *28 juin : les ouvriers tapissiers de l'entreprise ont terminé la pose de tissu dans l'appartement du gérant, coût des travaux : 1 730 € hors taxes ;*
- *30 juin : émission d'une facture relative à la pose de rideaux : montant hors taxes : 80 €, paiement comptant par chèque remis, le jour même, à l'encaissement.*

■ *Indiquer pour chaque opération la date d'exigibilité de la TVA en la justifiant.*

■ *Calculer le montant de la TVA collectée pour le mois de juin.*

CORRIGÉ

1 – La date d'exigibilité de la TVA

Le tableau présenté page suivante récapitule ***l'analyse de l'exigibilité de la TVA*** pour l'ensemble des opérations :

Date de l'opération	Nature de l'opération	Date et analyse de l'exigibilité de la TVA
2 juin	Livraison de biens meubles corporels	Le 2 juin : livraison du bien, date de facturation.
5 juin	Avance sur commande de livraison de biens meubles corporels	En juillet : livraison du bien, date de facturation. L'exigibilité est indépendante des dates de règlement.
6 juin	Acquisition intracommunautaire	Le 6 juin : date de facturation, car elle est antérieure au 15 du mois suivant.
10 juin	Facturation de prestations de services et travaux immobiliers	Le 10 juillet : encaissement du prix, inscription de la somme sur le compte bancaire de la société Déco.
11 juin	Réception d'un chèque en règlement d'une facture de prestations de services et travaux immobiliers	Le 11 juin : encaissement du prix, réception du chèque.
12 juin	Facture d'acompte de prestations de services et travaux immobiliers	Le 12 juin : encaissement du prix, réception du chèque.
13 juin	Réception d'un BOR en règlement d'une facture de prestations de services et travaux immobiliers	Le 31 juillet : encaissement du prix, date de paiement de l'effet.
27 juin	Acquisition intracommunautaire	Le 15 juillet : le 15 du mois suivant celui au cours duquel intervient le fait générateur (livraison du bien) puisque la facture est délivrée le 15 juillet.
28 juin	Livraison à soi-même de services	Le 28 juin : exécution du service. La TVA est exigible car il s'agit de prestations de services pour les besoins autres que ceux de l'entreprise.
30 juin	Facturation de prestations de services et travaux immobiliers avec paiement au comptant	Le 30 juin : encaissement du prix, réception du chèque.

Rappelons que :

– ***les livraisons de biens meubles corporels*** représentent des transferts de propriété (ventes, apports en société) de biens pouvant être déplacés et qui ont une existence concrète (marchandises, matériels…). La fourniture d'énergie (gaz, électricité…) est assimilée à une livraison de biens ;

– ***les prestations de services*** sont des opérations autres que les livraisons de biens meubles corporels (réparations, transports, locations…).

2 – La calcul de la TVA collectée pour le mois de juin

La TVA est collectée, par l'entreprise, sur les opérations du :

– 2 juin :	1 420	x 20 %	=	284 €
– 6 juin :	3 840 / 1,20	x 20 %	=	640 €
– 11 juin :	336 / 1,20	x 20 %	=	56 €
– 12 juin :	600 / 1,20	x 20 %	=	100 €
– 28 juin :	1 730	x 20 %	=	346 €
– 30 juin :	80	x 20 %	=	16 €
		Total	=	1 442 €

EXERCICE 5 Option pour le paiement de la TVA d'après les débits

M. Erdol, plombier chauffagiste (secteur du bâtiment), a réalisé les opérations suivantes au mois de mars N :

- *facturation de ventes de sanitaires et d'appareils de chauffage : 36 500 € hors taxes, TVA 20 % ; règlement 25 % au comptant et 75 % à 30 jours ;*
- *facturation de prestations de services (installations, dépannages) : 41 900 € hors taxes, TVA 20 % ; règlement 30 % au comptant, 50 % à 30 jours et 20 % à 60 jours ;*
- *facturation de sous-traitance à un donneur d'ordre pour l'entretien du réseau de plomberie d'un immeuble à usage professionnel ; règlement à 30 jours : 1 340 € hors taxes ;*
- *encaissements :*

• *sur ventes de sanitaires et d'appareils de chauffage de février :*	*19 350 €*
• *sur ventes de sanitaires et d'appareils de chauffage de mars :*	*10 950 €*
• *sur prestations de services de février :*	*21 000 €*
• *sur prestations de services de mars :*	*15 084 €*
• *sur factures d'acompte émises en mars concernant des prestations de services pour avril :*	*7 176 €*

■ *Indiquer les opérations pour lesquelles l'exigibilité de la TVA intervient en mars et calculer le montant de la TVA collectée d'après les deux hypothèses suivantes :*
– M. Erdol n'a pas opté pour le paiement de la TVA d'après les débits ;
– M. Erdol a opté pour le paiement de la TVA d'après les débits.

CORRIGÉ

1 – L'exigibilité de la TVA et montant de la TVA collectée sans option d'après les débits

En mars, ***la TVA est exigible et donc collectée*** :

– sur les livraisons de biens facturées (ventes de sanitaires et d'appareils de chauffage) en mars ;

– sur les encaissements de prix pour les prestations de services (installations, dépannages) réalisées en février et en mars ;

– sur les encaissements d'acomptes sur prestations de services à réaliser en avril.

Par ailleurs, depuis le 1er janvier 2014, M. Erdol n'est plus redevable de la TVA pour les travaux de sous-traitance liés à un bien immobilier qui lui sont confiés par un donneur d'ordre. Il appartient au donneur d'ordre d'autoliquider la TVA.

Le montant de la TVA collectée pour le mois de mars s'élève à :

– livraisons de biens :	36 500	x 20 %	= 7 300 €
– encaissements :			
• sur prestations de services de février :	21 000 / 1,20	x 20 %	= 3 500 €
• sur prestations de services de mars :	15 084 / 1,20	x 20 %	= 2 514 €
• sur factures d'acompte de mars :	7 176 / 1,20	x 20 %	= 1 196 €
		Total	= 14 510 €

2 – L'exigibilité de la TVA et montant de la TVA collectée avec option d'après les débits

L'option pour le paiement de la TVA d'après les débits permet au redevable de ***simplifier*** les calculs de TVA à déclarer, en harmonisant les dates d'exigibilité (dates de facturation). Toutefois, pour les acomptes sur prestations de services versés avant la facturation, la date d'exigibilité reste celle de l'encaissement de l'acompte.

En conséquence, si monsieur Erdol opte pour la TVA sur les débits, la TVA est exigible et donc collectée :

– sur les livraisons de biens facturées en mars ;

– sur les prestations de services facturées en mars, exception faite de celles relatives à un contrat de sous-traitance ;

– sur les encaissements d'acomptes, en mars, sur les prestations de services à effectuer en avril.

Le montant de la TVA collectée pour le mois de mars s'élève alors à :

– livraisons de biens :	36 500	x 20 %	= 7 300 €
– prestations de services :	41 900	x 20 %	= 8 380 €
– encaissement sur factures d'acomptes :	7 176 / 1,20	x 20 %	= 1 196 €
		Total	= 16 876 €

EXERCICE 6 Déductibilité de la TVA

La société Lucas, assujettie à la TVA, a réalisé les dépenses suivantes :
A : achat de marchandises en Chine
B : acquisition d'un véhicule de tourisme de cinq places
C : location d'une fourgonnette
D : achat de fournitures de bureau
E : achat de carburant (essence sans plomb 98) pour le véhicule de tourisme
F : achat de GPL pour la fourgonnette
G : achat d'un ordinateur
H : achat d'un cadeau (valeur 140 €) pour le départ à la retraite d'un salarié
I : achat d'un appareil distributeur de boissons
J : achat des cadeaux de fin d'année pour le personnel (prix unitaire inférieur à 65 €)
K : révision du véhicule de tourisme
L : dépenses de réception pour les meilleurs clients, sans participation des dirigeants
M : achat de marchandises en Irlande
N : remboursement du prix d'un billet de TGV au directeur financier
O : échantillons offerts gratuitement aux clients
P : fabrication d'un meuble de rangement utilisé par l'entreprise elle-même

- *Indiquer pour chaque dépense si la TVA est déductible ou non en justifiant la réponse et sachant que la société Lucas est un déducteur intégral.*
- *Préciser pour les opérations concernées à quelle date le droit à déduction peut être exercé.*

CORRIGÉ

1 – La déductibilité de la TVA

Dépenses	Nature de l'opération	Déductibilité de la TVA
A	Importation	**OUI** pour la TVA due à l'importation si le redevable possède les documents douaniers prouvant qu'il est destinataire des biens
B	Véhicule destiné au transport des personnes	**NON** véhicule comportant moins de neuf places assises
C	Prestations de services	**OUI** service relatif à des biens ouvrant droit à déductio
D	Livraison de biens	**OUI** biens nécessaires à l'exploitation
E	Carburant	**NON** l'essence est exclue du droit à déduction
F	Carburant	**OUI** le GPL est un carburant ouvrant droit à une déduction de 100 %
G	Livraison de biens	**OUI** biens nécessaires à l'exploitation
H	Bien fourni sans rémunération	**NON** cadeau supérieur à 65 € TTC
I	Immobilisation mise à disposition du personnel	**OUI** mise à disposition sur les lieux de travail
J	Bien fourni sans rémunération	**OUI** cadeau inférieur à 65 € TTC
K	Dépense de logement, de restaurant, de réception et de spectacles	**OUI** dépense supportée au bénéfice de tiers (clients)
L	Acquisition intracommunautaire	**OUI** l'acquéreur collecte la TVA puis exerce son droit à déduction
M	Transports de personnes	**NON** exclusion du droit à déduction même si la dépense est effectuée pour les besoins de l'exploitation

Dépenses	Nature de l'opération	Déductibilité de la TVA
N	Transports de personnes	**NON** exclusion du droit à déduction même si la dépense est effectuée pour les besoins de l'exploitation
O	Échantillons	**OUI** sans limitation de montant
P	Livraison à soi-même d'une immobilisation	**NON** bien immobilisé : la livraison à soi-même n'est plus imposable à la TVA puisque l'assujetti bénéficie d'un coefficient de déduction de 100 %

2 – La date de déductibilité de la TVA

La TVA est déductible lorsqu'elle est exigible chez le fournisseur. En conséquence :

- pour les livraisons de biens, la TVA est déductible à la date de livraison et de facturation ;
- pour les prestations de services et travaux immobiliers, la TVA est déductible aux dates de paiement, sauf si le fournisseur a opté pour le paiement de la TVA d'après les débits ;
- pour les acomptes versés sur prestations de services, la TVA est déductible aux dates de paiement, même si le fournisseur a opté pour le paiement de la TVA d'après les débits.

EXERCICE 7 Coefficients de déduction et TVA déductible

Un masseur-kinésithérapeute acquiert un immeuble neuf de 320 m², dont 80 m² à titre privatif en tant qu'habitation principale, pour une valeur globale de 285 000 € hors taxes, TVA 20 %.

Parmi les soins dispensés certains sont soumis à la TVA car ils ne relèvent pas de la profession réglementée ; en conséquence, deux secteurs d'activité distincts ont été constitués.

Le chiffre d'affaires, hors taxes annuel, de chaque secteur est de :

– 98 000 € : pour les actes relevant de la profession réglementée ;

– 27 000 € : pour les autres actes.

Par ailleurs, le masseur-kinésithérapeute a acquis du matériel pour 4 000 € hors taxes, TVA 20 %, consacré uniquement aux soins relevant de la profession réglementée.

- ***Valoriser les coefficients de déduction de l'immeuble et du matériel.***
- ***Calculer le montant de la TVA que peut déduire le masseur-kinésithérapeute lors de l'acquisition de l'immeuble et du matériel.***

CORRIGÉ

1 – La valorisation des coefficients de déduction

Le coefficient de déduction, de chaque bien ou service, est égal au ***produit*** des coefficients d'assujettissement, de taxation et d'admission du bien ou du service.

a) Pour l'immeuble

– coefficient d'assujettissement :

Le coefficient d'assujettissement de l'immeuble est égal à sa proportion d'utilisation pour la réalisation d'opérations imposables, soit :

(320 – 80) / 320 = 0,75

– coefficient de taxation :

L'immeuble est utilisé pour les deux secteurs d'activité :

- activité exonérée n'ouvrant pas droit à déduction (actes relevant de la profession réglementée) ;
- activité soumise à la TVA et ouvrant droit à déduction (actes ne relevant pas de la profession réglementée).

En conséquence, le coefficient de taxation est déterminé de manière forfaitaire. Il est égal à :

27 000 / 125 000 = 0,216 arrondi à 0,22

– coefficient d'admission :

L'immeuble ne fait l'objet d'aucune mesure d'exclusion du droit à déduction, son coefficient d'admission est donc égal à 1.

– d'où le coefficient de déduction de l'immeuble :

Il est égal à :

0,75 x 0,22 x 1 = 0,165 arrondi à 0,17

b) Pour le matériel

– coefficient d'assujettissement :

Le coefficient d'assujettissement du matériel est égal à 1 puisque ce matériel est utilisé exclusivement pour la réalisation d'opérations imposables.

– coefficient de taxation :

Le coefficient de taxation du matériel est égal à zéro puisque ce matériel est utilisé exclusivement pour la réalisation d'opérations n'ouvrant pas droit à déduction.

– coefficient d'admission :

Le matériel ne faisant l'objet d'aucune mesure d'exclusion du droit à déduction, son coefficient d'admission est donc égal à 1.

– d'où le coefficient de déduction du matériel :

Il est égal à : 1 x 0 x 1 = 0

2 – Le montant de la TVA déductible relative à l'immeuble et au matériel

a) Pour l'immeuble

285 000 x 0,20 x 0,17 = 9 690 €

b) Pour le matériel

4 000 x 0,20 x 0 = 0 €

EXERCICE 8 Régularisations relatives aux immobilisations

Les informations suivantes vous sont communiquées :

Éléments	Coefficients de référence			Coefficients de l'année N + 1			Coefficients de l'année N + 2		
	C As (1)	C Ta (2)	C Ad (3)	C As (1)	C Ta (2)	C Ad (3)	C As (1)	C Ta (2)	C Ad (3)
Matériel industriel acquis en N pour 75 000 € hors taxes ; TVA 15 000 €	*1*	*0,76*	*1*	*1*	*0,70*	*1*	*1*	*0,64*	*1*
Matériel informatique acquis en N pour 12 000 € hors taxes ; TVA 2 400 €	*0,88*	*0,62*	*1*	*0,88*	*0,62*	*1*	*0,88*	*0,62*	*1*

(1) Coefficient d'assujettissement
(2) Coefficient de taxation
(3) Coefficient d'admission

Par ailleurs, au cours de l'année N + 3 le matériel informatique est cédé pour un prix hors taxes de 800 € hors taxes. La cession est soumise à la TVA au taux de 20 %.

■ *Effectuer les régularisations annuelles et globales nécessaires.*

CORRIGÉ

1 – Le matériel industriel

On constate une ***variation*** du coefficient de taxation pour les années N + 1 et N + 2 par rapport au coefficient de référence.

Une régularisation annuelle doit être effectuée lorsque la différence entre le produit des coefficients d'assujettissement et de taxation de l'année et le produit des coefficients d'assujettissement et de taxation de référence est supérieure à un dixième.

La période de régularisation est de ***cinq ans*** puisqu'il s'agit d'un bien meuble.

a) En N + 1

L'écart entre (1 x 0,70) et (1 x 0,76) est égal à 0,06. Il est inférieur à un dixième ; il n'en résulte aucune régularisation.

b) En N + 2

L'écart entre (1 x 0,64) et (1 x 0,76) est égal à 0,12. Il est supérieur à un dixième ; il faut donc effectuer une régularisation annuelle, par cinquièmes, de la taxe initialement déduite égale à : [15 000 x (0,64 – 0,76)] x 1/5 = 360 €

Il s'agit d'un reversement de TVA puisque le coefficient de déduction de l'année est inférieur au coefficient de déduction de référence.

2 – Le matériel informatique

Aucune variation des coefficients n'est constatée en N + 1 et N + 2 par rapport aux coefficients de référence ; en conséquence, il n'y a pas lieu d'effectuer de ***régularisations annuelles***.

En revanche, le matériel informatique, qui a donné lieu à une déduction partielle de la TVA, est cédé avant l'expiration de la période de régularisation de cinq ans. Il est donc nécessaire de procéder à une régularisation globale. Le coefficient de déduction de référence est égal à :

0,88 x 0,62 x 1 = 0,5456 arrondi à 0,55

La régularisation est égale à la somme des régularisations annuelles qui auraient été effectuées jusqu'au terme de la période de régularisation (cinq ans) si le coefficient de déduction était égal à 1, soit : [2 400 (1 – 0,55)] x 1/5 = 216 €

Il s'agit d'un complément de déduction.

EXERCICE 9 Diverses régularisations de la TVA déduite

Un client (société Vinec) du cabinet d'expertise comptable dans lequel vous travaillez vous fait part de plusieurs opérations inhabituelles qu'il a constatées durant le mois d'octobre N. Il vous demande de le conseiller en matière de TVA :

- *cession d'un véhicule de tourisme pour 8 000 € HT à un concessionnaire. La vente est soumise à la TVA sur option. Le véhicule a été acquis 14 000 € toutes taxes comprises et utilisé pendant deux ans ;*
- *940 € HT de marchandises ont disparu des stocks, TVA 20 % (aucune plainte n'a été déposée) ;*
- *cession d'une machine-outil à un confrère au prix de 1 200 € HT, acquise en N – 4 pour 3 600 € hors taxes, TVA 20 % ;*
- *cession d'un bâtiment pour 600 000 €, acquis neuf en N – 8 pour 500 000 € HT. La société n'a pas opté pour la TVA sur cession d'immeuble achevé depuis plus de 5 ans.*

■ *Analyser chaque opération au regard de la TVA, qualifier et calculer les régularisations de TVA à effectuer, le cas échéant.*
La société Vinec est un assujetti et un redevable intégral.

CORRIGÉ

1 – La cession d'un véhicule de tourisme, soumise à la TVA sur option, à un concessionnaire

Le montant de la TVA payée à l'achat était de : [(14 000 / 1,20) x 20 %] = 2 333,33 €

Le véhicule de tourisme fait partie des ***biens exclus*** du droit à déduction ; son coefficient de déduction est donc égal à zéro. Le fait de soumettre la cession à la TVA permet à l'entreprise de récupérer une partie de la TVA facturée initialement, si la cession intervient dans le délai légal de régularisation, soit cinq ans.

La société doit procéder à une ***régularisation globale*** en considérant que le coefficient de déduction est égal à 1 jusqu'au terme de la période de régularisation.

Dans le cas présent, le nombre d'années restant à courir jusqu'à la fin de la période de régularisation est de trois ans (5 – 2).

En conséquence, la déduction complémentaire s'élève à : 2 333,33 x (1 – 0) x 3/5 = 1 400 €

La TVA collectée sur cette opération est de : 8 000 x 20 % = 1 600 €

En conséquence, la déduction complémentaire s'élève à : 2 333,33 x (1 – 0) x 3/5 = 1 400 €

La TVA collectée sur cette opération est de : 8 000 x 20 % = 1 600 €

2 – La disparition de marchandises

La TVA sur les achats de marchandises a été déduite, lors de la facturation, pour un montant de : (940 x 20 %) x 1 = 188 € (montant égal à la taxe initiale)

La disparition de ces marchandises remet en cause la déduction de la TVA pour son montant total. En conséquence, l'entreprise doit ***reverser*** le montant de la TVA initialement déduite, soit : 188 €.

3 – La cession d'une machine-outil

La cession d'une immobilisation ayant bénéficié du droit à déduction lors de l'acquisition est ***soumise à la TVA*** sans aucune régularisation. La TVA collectée s'élève donc à :

1 200 x 20 % = 240 €

4 – La cession d'un bâtiment acquis neuf

Lors de l'acquisition, la TVA a été déduite pour :

(500 000 x 20 %) x 1 = 100 000 € (montant égal à la taxe initiale)

La cession de l'immeuble neuf est réalisée neuf ans après son achèvement ; elle n'est pas taxée puisque la société Vinec n'a pas opté pour la TVA. En revanche, elle entraîne une ***régularisation globale*** en considérant que le coefficient de taxation est nul jusqu'au terme de la période de régularisation, puisqu'elle intervient dans le délai légal de régularisation, soit 20 ans.

Pour cet immeuble, le nombre d'années restant à courir jusqu'à la fin de la période de régularisation est de 11 ans (N + 1 à N + 11).

Le montant de la TVA à reverser à l'État s'élève donc à : 100 000 x (0 – 1) x 11/20 = 55 000 €

EXERCICE 10 Synthèse sur l'exigibilité et la déductibilité de la TVA

Vous êtes chargé d'aider un jeune dirigeant de société à préparer sa déclaration de TVA pour le mois d'octobre N.

Il vous fournit à cet effet, en annexe, la liste des opérations réalisées au cours de ce mois et vous précise qu'il n'a pas opté pour le paiement de la TVA d'après les débits ni pour l'autoliquidation de la TVA due à l'importation.

L'entreprise est totalement assujettie et redevable à la TVA au taux normal.

Annexe 1 : ventes hors taxes en octobre

A – ventes de marchandises en France :	*120 000 €*
B – ventes de marchandises en Argentine :	*75 000 €*
C – ventes de marchandises en Suède :	*32 500 €*
D – prestations de services en France :	*45 800 €*

Annexe 2 : achats et charges hors taxes en octobre

A – achats de marchandises en France :	*90 000 €*
B – achats de marchandises en Norvège :	*37 000 €*
C – achats de marchandises en provenance du Danemark facturés en octobre :	*28 000 €*
D – Réparation du duplicopieur par un prestataire espagnol établi en Espagne :	*980 €*
E – achat d'un scooter :	*1 450 €*
F – location d'un camion (règlement en octobre) :	*265 €*
G – achat de gazole pour le camion :	*94 €*
H – réparation d'une voiture de tourisme (règlement en novembre) :	*123 €*
I – achats de fournitures d'entretien :	*48 €*
J – entretien des espaces verts (option d'après les débits) règlement en novembre :	*126 €*
K – repas pour les fournisseurs :	*142 €*

Annexe 3 : cessions d'immobilisations hors taxes en octobre

A – cession d'un ordinateur :	*995 €*
B – cession d'un véhicule de tourisme à un négociant avec option pour la TVA ; prix d'acquisition 18 000 € en N – 2 :	*6 700 €*

Annexe 4 : encaissements toutes taxes comprises en octobre

A – sur ventes de marchandises en France, facturées en septembre :	*121 992,00 €*
B – sur prestations de services, facturées en octobre :	*10 955,36 €*
C – sur prestations de services, facturées en septembre :	*40 472,64 €*
D – sur acomptes pour prestations à fournir en novembre :	*8 216,52 €*
E – sur cessions d'immobilisations réalisées en octobre :	*8 013,20 €*

Annexe 5 : règlements toutes taxes comprises en octobre

A – des achats de marchandises en France, facturés en septembre :	*117 208,00 €*
B – des achats de marchandises en France, facturés en octobre :	*21 528,00 €*
C – de la réparation de la chaudière effectuée en septembre :	*107,64 €*
D – de la location du camion facturée en octobre :	*318,00 €*
E – de l'entretien des espaces verts facturés en septembre (option d'après les débits) :	*125,58 €*

- *Présenter un tableau permettant d'identifier les opérations exonérées, celles exclues du droit à déduction et de calculer, pour les opérations concernées, le montant de la TVA collectée et celui de la TVA déductible au titre du mois d'octobre. Analyser au regard de la TVA, l'opération D de l'annexe 2.*
- *Préciser les conditions à respecter pour bénéficier de l'autoliquidation de la TVA due à l'importation.*

CORRIGÉ

1 – Tableau

Opération	Exonérée ou exclue du droit à déduction	TVA exigible	TVA déductible
Ventes			
A		120 000 x 0,20 = 24 000	
B	Exonérée : exportation		
C	Exonérée : livraison intracommunautaire		
D		Aux dates d'encaissement	
Achats et charges			
A			(90 000 x 0,20) x 1 = 18 000
B			(37 000 x 0,20) x 1 = 7 400
C		28 000 x 0,20 = 5 600	(28 000 x 0,20) x 1 = 5 600
D		980 x 0,20 = 196	(980 x 0,20) x 1 = 196
E	Exclue du droit à déduction : véhicule pour le transport de personnes		Coefficient de déduction = 0
F			À la date du règlement (octobre).
G			(94 x 0,20) x 1 = 18,80
H	Exclue du droit à déduction : service sur bien exclu		Coefficient de déduction = 0
I			(48 x 0,20) x 1 = 9,60
J			(126 x 0,20) x 1 = 25,20
K			(142 x 0,10) x 1 = 14,20

Opération	Exonérée ou exclue du droit à déduction	TVA exigible	TVA déductible
Cessions d'immobilisations			
A		995 x 0,20 = 199	
B		6 700 x 0,20 = 1 340 sur option	(18 000 x 0,20) x (1 – 0) x 2/5 = 1 440 complément de déduction
Encaissements			
A		À la facturation en septembre	
B		(10 955,36/1,20) x 0,20 = 1 832	
C		(40 472,64/1,20) x 0,20 = 6 745,44	
D		(8 216,52/1,20) x 0,20 = 1 369,42	
E		À la facturation en octobre	
Règlements			
A			À la facturation en septembre
B			À la facturation en octobre
C			(107,64/1,20) x 0,20 x 1 = 17,94
D			(318/1,20 x 0,20) x 1 = 53
E			À la facturation (option sur les débits)
Total		**41 281,86**	**32 774,74**

Analyse de l'opération D de l'annexe 2 :

Il s'agit d'une prestation de services intracommunautaire d'entreprise à entreprise (*B to B*) ; le lieu d'imposition est donc celui du preneur assujetti. Ce dernier doit autoliquider la TVA en application du principe général.

L'exigibilité intervient à la date de réalisation de la prestation, donc en octobre.

2 – Les conditions à respecter pour l'autoliquidation de la TVA à l'importation

Pour bénéficier du régime optionnel de l'autoliquidation de la TVA due à l'importation, la société doit être ***titulaire d'une procédure de domiciliation unique*** (PDU) qui s'adresse à des entreprises ayant des flux réguliers d'importation et/ou d'exportation.

La procédure de domiciliation unique permet de ***centraliser les formalités*** de dédouanement auprès d'un seul bureau de douane.

THÈME 3

La déclaration et le paiement de la TVA

EXERCICE 11 Différents régimes d'imposition à la TVA

Dans le cadre de votre formation, vous effectuez un stage dans un cabinet d'expertise comptable. Votre maître de stage vous remet le tableau suivant :

Entreprise	Activité	Chiffre d'affaires hors taxes N – 1
A	*Restaurant*	*58 000 €*
B*	*Fleuriste*	*106 000 €*
C	*Blanchisserie*	*23 800 €*
D	*Hôtel*	*826 500 €*
E	*Coiffeur*	*195 600 €*
F	*Biscuiterie*	*792 000 €*
G	*Géomètre*	*328 000 €*

* L'entreprise a déclaré une TVA nette due en N – 1 d'un montant supérieur à 15 000 €

- *Indiquer pour chaque entreprise à quel régime d'imposition elle est soumise, de plein droit, en matière de TVA.*
- *Préciser les effets du régime de la franchise en base.*

CORRIGÉ

1 – Les régimes d'imposition

Les ***deux principaux critères retenus*** pour déterminer le régime d'imposition à la TVA sont :
– le type d'activité ;
– le montant du chiffre d'affaires.

Entreprise	Activité	Seuil de chiffre d'affaires HT	Régime
A	Ventes à consommer sur place	CA ≤ 82 200 €	Franchise en base
B	Ventes de marchandises	CA compris entre 82 200 € et 783 000 €	Réel normal car la TVA nette due N – 1 est > 15 000 €
C	Prestations de services	CA ≤ 32 900 €	Franchise en base
D	Prestations d'hébergement	CA > 783 000 €	Réel normal
E	Prestations de services	CA compris entre 32 900 € et 236 000 €	Réel simplifié
F	Ventes de marchandises	CA > 783 000 €	Réel normal
G	Prestations de services	CA > 236 000 €	Réel normal

Précisons que depuis le 1er janvier 2015, les entreprises doivent remplir deux conditions cumulatives pour bénéficier du régime simplifié de TVA :
– le chiffre d'affaires N – 1 ne doit pas dépasser les limites prévues ;
– la TVA nette due N – 1 ne doit pas excéder 15 000 €.

2 – Les effets du régime de la franchise en base

Lorsque l'entreprise relève de la franchise en base de TVA :
– elle n'est plus redevable de la TVA ; en conséquence, aucune déclaration n'est à établir ;
– elle doit faire figurer sur chaque facture établie la mention :

« ***TVA non applicable, article 293 B du CGI*** »

et aucun montant de TVA ne doit apparaître ;
– elle ne peut pas déduire la TVA qu'elle a payée sur ses achats pour les besoins de l'exploitation.

EXERCICE 12 Régime réel normal : calcul de la TVA due

La société Bomur est spécialisée dans la vente en gros de peinture et de papiers peints.

Au cours du mois d'octobre, les opérations suivantes ont été réalisées :

– achats de marchandises, hors taxes, en France :	*285 750,00 €*
– acquisitions intracommunautaires de marchandises hors taxes :	*111 360,00 €*
– honoraires hors taxes de l'expert-comptable, payables en novembre :	*580,00 €*
– achats d'essence sans plomb 98 pour le véhicule de tourisme :	*50,00 €*
– facture d'Orange, formule Internet + Téléphone (Orange : option d'après les débits) :	*720,00 €*
– montant hors taxes des réparations de la camionnette de livraison, paiement comptant par chèque :	*350,00 €*
– acquisition de rayonnages hors taxes :	*12 440,00 €*
– ventes de marchandises, hors taxes, en France :	*377 100,00 €*
– livraisons intracommunautaires de marchandises hors taxes :	*6 000,00 €*
– cession d'un appareil mélangeur de peinture, montant hors taxes :	*1 400,00 €*
– acomptes reçus, par chèques, sur commandes de marchandises, à livrer en novembre :	*1 200,00 €*
– acompte versé, par chèque, à un électricien pour réparations :	*10 046,40 €*
– règlement, par chèque, d'une facture de transport de marchandises reçue en septembre :	*1 480,80 €*
– règlements de factures d'achats de marchandises reçues en août :	*273 405,00 €*
– encaissements de créances clients relatives aux factures de ventes de marchandises émises en septembre :	*518 663,00 €*

L'ensemble des opérations est soumis au taux normal.

- *Évaluer le montant des opérations de ventes imposables et non imposables à déclarer.*
- *Calculer la TVA due pour le mois d'octobre.*
- *Indiquer le mode de déclaration et de paiement de la TVA auquel est tenue la société.*

Corrigé

1 – L'évaluation des montants des opérations de ventes imposables et non imposables à déclarer

a) Opérations imposables

– ventes de marchandises en France :	377 100 €
– autres opérations imposables (cession d'immobilisation) :	1 400 €
– acquisitions intracommunautaires :	111 360 €
	489 860 €

b) Opérations non imposables

– livraisons intracommunautaires :	6 000 €

2 – Le calcul de la TVA due pour le mois d'octobre

Opération	Base de calcul	TVA collectée	TVA déductible
Achat de marchandises en France	285 750,00	—	57 150,00
Acquisitions intracommunautaires	111 360,00	22 272,00	22 272,00
Honoraires de l'expert-comptable : **prestations de services, TVA déductible en novembre**	—	—	—
Achats d'essence pour le véhicule de tourisme : **TVA non déductible**		—	CD = 0
Facture Orange : **option d'après les débits**	720,00	—	144,00
Réparations de la camionnette de livraison, paiement comptant, par chèque : **prestations de services, TVA déductible au paiement**	350,00	—	70,00
Acquisition de rayonnages	12 440,00	—	2 488,00
Ventes de marchandises en France	377 100,00	75 420,00	—
Livraisons intracommunautaires : **exonération**	—	—	—

Opération	Base de calcul	TVA collectée	TVA déductible
Cession d'un appareil mélangeur	1 400,00	280,00	—
Acomptes reçus sur commandes de marchandises : **TVA exigible à la facturation (novembre)**	—	—	—
Acompte versé, par chèque, pour réparations à l'électricien : **prestations de services, TVA déductible au paiement**	10 046,40/1,20 = 8 372,00	—	1 674,40
Règlement par chèque d'une facture de transport reçue en septembre : **prestations de services, TVA déductible au paiement**	1 480,80/1,20 = 1 234,00	—	246,80
Règlements de factures d'achats de marchandises reçues en août : **TVA déductible à la facturation (août)**	—	—	—
Encaissements de créances clients relatives aux factures de ventes émises en septembre : **TVA exigible à la facturation (septembre)**	—	—	—
Total		**97 972,00**	**84 045,20**

On constate que le montant de la TVA collectée est supérieur à celui de la TVA déductible.

Les sommes sont arrondies à l'euro le plus proche, soit 84 045 €

Le montant de la TVA due s'élève à :

97 972 – 84 045 = 13 927 €

3 – Le mode de paiement de la TVA due

Depuis le 1er octobre 2014, toutes les entreprises soumises à un régime réel d'imposition doivent ***obligatoirement*** effectuer leur ***déclaration par voie électronique et payer la TVA due par télérèglement***, quel que soit le montant de leur chiffre d'affaires. La société Bomur doit donc utiliser la procédure EFI ou EDI.

EXERCICE 13 Régime réel normal avec report d'un crédit de TVA

La société Ekmül, exportatrice de conserves de poissons, est soumise au régime du réel normal et souscrit des déclarations de TVA mensuelles.

Les éléments nécessaires aux déclarations mensuelles de TVA pour les trois premiers mois de l'exercice sont les suivants :

Éléments	Janvier	Février	Mars
Ventes en France hors taxes (taux 10 %)	*117 300*	*120 819*	*114 778*
Exportations	*402 500*	*390 425*	*394 330*
Livraisons intracommunautaires	*462 000*	*480 480*	*473 200*
TVA déductible sur immobilisations	*7 950*	*376*	—
TVA déductible sur autres biens et services	*56 700*	*86 958*	*46 200*

- *Calculer pour chaque mois la TVA à décaisser ou le crédit de TVA. Les calculs seront arrondis à l'euro le plus proche.*
- *Préciser les modalités d'extinction de la créance sur l'État, le cas échéant.*

CORRIGÉ

1 – Le calcul de la TVA à décaisser ou du crédit de TVA

Les exportations et les livraisons intracommunautaires sont *exonérées de TVA*.

Éléments	Janvier	Février	Mars
TVA collectée	117 300 x 10 % = 11 730	120 819 x 10 % = 12 082	114 778 x 10 % = 11 478
– TVA déductible	(7 950 + 56 700) = 64 650	(376 + 86 958) = 87 334	46 200
Crédit de TVA	**52 920**	**75 252**	**34 722**

La société Ekmül ***constate un crédit de TVA*** sur les trois mois. Cette situation est due à son activité d'exportation.

2 – Les modalités d'extinction de la créance

Depuis le 1er janvier 2014, la société Ekmül ne peut plus bénéficier de la ***procédure spéciale de remboursement mensuel*** du crédit de TVA réservée aux exportateurs qui est supprimée. Elle est donc soumise à la procédure de droit commun.

Elle peut ainsi :

- ***soit reporter le crédit de TVA*** sur les déclarations suivantes, sans limite de délai pour couvrir une TVA à décaisser ultérieure ;
- ***soit demander un remboursement*** mensuel puisque ces déclarations mensuelles font apparaître un crédit de TVA d'au moins 760 €.

En pratique, la deuxième solution semble la meilleure pour la société Ekmül afin d'éviter un problème de trésorerie au vu du montant élevé du crédit de TVA mensuel.

La demande de remboursement doit être ***télétransmise***.

EXERCICE 14 Régime réel simplifié

La société Négocoif' vend des fournitures, des accessoires et du matériel destinés aux coiffeurs. Elle est soumise au régime du réel simplifié, elle a réalisé les opérations suivantes en N – 1 :

– ventes de marchandises hors taxes :	*315 000 €*
– cessions d'immobilisations hors taxes :	*2 960 €*
– acquisitions intracommunautaires de marchandises hors taxes :	*9 900 €*
– achats de marchandises hors taxes :	*170 750 €*
– achats d'autres biens et services hors taxes :	*4 360 €*
– achats d'immobilisations hors taxes :	*58 500 €*

Au cours de l'exercice N – 1, la société a acquitté deux acomptes semestriels d'un montant global de 10 925 €

- *Calculer le montant de la régularisation annuelle à porter sur la déclaration CA12 début mai N.*
- *Évaluer le montant des acomptes à verser en N.*

CORRIGÉ

1 – Le calcul du montant de la régularisation annuelle

TVA collectée :

– sur ventes : 315 000 x 20 %	=	63 000 €
– sur cessions d'immobilisations : 2 960 x 20 %	=	592 €
– sur acquisitions intracommunautaires : 9 900 x 20 %	=	1 980 €
Total	=	65 572 €

TVA déductible :

– sur immobilisations : (58 500 x 20 %) x 1	=	11 700 €
– sur achats de marchandises : (190 750 x 20 %) x 1	=	38 150 €
– sur autres biens et services : (8 360 x 20 %) x 1	=	1 672 €
– sur acquisitions intracommunautaires : (9 900 x 20 %) x 1	=	1 980 €
Total	=	53 502 €

TVA due au titre de N – 1 :

65 572 – 53 502 = 12 070 €

Montant des acomptes versés en N – 1 : 10 925 €

Régularisation : solde à payer :

12 070 – 10 925 = 1 145 €

2 – Le montant des acomptes à verser en N

a) Base de calcul des acomptes dus

Les acomptes de TVA dus sont calculés, en principe, à partir de la base suivante (déterminée sur la déclaration *CA12* N) :

> TVA collectée
> (hors TVA sur cessions d'immobilisations, sur livraisons à soi-même et sur acquisitions d'immobilisations intracommunautaires)
> –
> TVA déductible
> sur biens et services autres que les immobilisations

Soit :

(63 000 + 1 980) – (38 150 + 1 672 + 1 980) = 23 178 €

b) Montant des acomptes

L'entreprise doit verser en N ***deux acomptes*** (en juillet et en décembre).

Le premier est égal à 55 % de la base de calcul (23 178 €) et le deuxième à 40 % de cette même base, donc :

– montant de premier acompte :

23 178 x 55 % = 12 747,90 €, soit 12 748 €

– montant du deuxième acompte :

23 178 x 40 % = 9 271,20 €, soit 9 271 €

Le total des acomptes versés en N sera imputé sur la TVA nette due pour N lors de la souscription de la déclaration *CA12* N + 1.

THÈME 4

Révision sur la TVA

Les QCM sont des questions à choix multiple. À chaque question posée, il vous est proposé différentes réponses parmi lesquelles il vous faut cocher une réponse juste, plusieurs réponses justes, voire, pour certaines questions, toutes les réponses. Ce sont donc des questions fermées auxquelles vous devez répondre rapidement avec un temps de réflexion limité.

EXERCICE 15 16 questions à choix multiple

1 – *Cochez les affirmations exactes relatives à la taxe sur la valeur ajoutée :*

- ❐ a. la TVA est un impôt indirect
- ❐ b. la TVA est supportée par chaque acteur de la chaîne économique
- ❐ c. la TVA est supportée par le consommateur final
- ❐ d. la TVA a une incidence sur le résultat de l'entreprise assujettie
- ❐ e. l'assujetti perçoit, chaque mois, de la part du Trésor le remboursement de la TVA qu'il a payée sur ses achats
- ❐ f. l'assujetti déduit de la TVA qu'il a collectée pour le compte de l'État, la TVA qu'il a supportée sur ses achats

2 – *La base d'imposition à la TVA est égale :*

❒ a. au prix de vente brut hors taxes augmenté des frais accessoires
❒ b. au prix de vente hors taxes net de toutes réductions augmenté des frais accessoires
❒ c. au prix de vente hors taxes net de toutes réductions diminué des frais accessoires

3 – *La consignation des emballages est une opération exonérée de TVA :*

❒ a. vrai
❒ b. faux

4 – *D'après les éléments suivants relatifs à une facture :*

Prix brut	:	3 000,00
Remise	:	300,00
Frais de port	:	100,00

La TVA au taux de 20 % s'élève à :

❒ a. 540 €
❒ b. 620 €
❒ c. 560 €

5 – *Cochez les opérations et les activités imposables à la TVA :*

❒ a. livraisons de biens corporels
❒ b. prestations de services et travaux immobiliers
❒ c. livraisons à soi-même d'immobilisations, dont la TVA ouvre partiellement droit à déduction
❒ d. livraisons intracommunautaires
❒ e. exportations
❒ f. professions juridiques (avocats, notaires...)
❒ g. activités médicales et paramédicales
❒ h. acquisitions intracommunautaires

❒ i. importations

❒ j. opérations financières (emprunt, acquisition et cession de titres, intérêts...)

6 – ***En matière de TVA, l'exigibilité par le redevable et le droit à déduction pour le client est, sauf exception :***

❒ a. la première utilisation du bien pour les livraisons à soi-même taxables

❒ b. l'exécution des services pour les prestations de services réalisées entre des assujettis établis en France

❒ c. l'encaissement du prix pour les prestations de services réalisées entre des assujettis établis en France

❒ d. la délivrance du bien pour les livraisons de biens

❒ e. l'encaissement du prix pour les livraisons de biens

❒ f. l'encaissement du prix pour les prestations de services autoliquidées par le preneur assujetti alors que le prestataire n'est pas établi en France

7 – ***Les taux de TVA en vigueur en France continentale en 2015 sont :***

❒ a. 7 %

❒ b. 28 %

❒ c. 22 %

❒ d. 20 %

❒ e. 20,60 %

❒ f. 5,50 %

❒ g. 2,10 %

❒ h. 10 %

8 – ***Toutes les entreprises soumises à l'impôt sur les sociétés ou à l'impôt sur le revenu doivent télédéclarer et télépayer la TVA depuis le 1er octobre 2014, quel que soit le montant de leur chiffre d'affaires :***

❒ a. vrai

❒ b. faux

9 – *Les données suivantes vous sont communiquées :*

Éléments	Janvier	Février
TVA déductible sur autres biens et services	35 000	51 000
TVA déductible intracommunautaire	5 300	8 200
TVA déductible sur immobilisations	55 000	7 000
TVA collectée	75 000	92 000
TVA due intracommunautaire	5 300	8 200

L'entreprise constate pour le mois de janvier :

❐ a. une TVA à décaisser de 40 000 €
❐ b. un crédit de TVA à reporter de 15 000 €
❐ c. une TVA à décaisser de 15 000 €

L'entreprise constate pour le mois de février :

❐ d. une TVA à décaisser de 34 000 €
❐ e. un crédit de TVA de 15 000 €
❐ f. une TVA à décaisser de 19 000 €

10 – *Une entreprise, qui réalise des opérations situées dans le champ d'application de la TVA mais légalement exonérées et des opérations hors du champ d'application de la TVA, acquiert un matériel utilisé par l'ensemble des opérations.*

Elle détermine :

❐ a. un coefficient d'assujettissement du matériel égal à 1
❐ b. un coefficient d'assujettissement du matériel égal à 0
❐ c. un coefficient d'assujettissement du matériel inférieur à 1
❐ d. un coefficient de taxation du matériel égal à 1
❐ e. un coefficient de taxation du matériel égal à 0
❐ f. un coefficient de taxation du matériel inférieur à 1

11 – *Les régularisations annuelles et globales de la TVA relatives aux immobilisations sont effectuées :*

❒ a. pendant 5 ans, quelle que soit la nature de l'immobilisation
❒ b. pendant 10 ans pour les immeubles
❒ c. pendant 5 ans pour les biens immobilisés autres que les immeubles

12 – *Cochez pour chaque territoire, le territoire fiscal auquel il appartient au regard de la TVA :*

Éléments	Territoire français	Territoire de l'UE	Territoire d'exportation ou hors UE
Royaume-Uni	❒ a.	❒ b.	❒ c.
Norvège	❒ d.	❒ e.	❒ f.
Iles anglo-normandes	❒ g.	❒ h.	❒ i.
Croatie	❒ j.	❒ k.	❒ l.
Corse	❒ m.	❒ n.	❒ o.
Chypre	❒ p.	❒ q.	❒ r.
Guadeloupe	❒ s.	❒ t.	❒ u.
Roumanie	❒ v.	❒ w.	❒ x.

13 – *La déclaration européenne de services (DES) doit être souscrite :*

❒ a. par le prestataire qui rend des services à des preneurs assujettis établis dans un autre État membre de l'Union européenne
❒ b. pour les prestations de services qui relèvent des régimes dérogatoires
❒ c. au premier euro
❒ d. sur support papier pour toutes les entreprises

14 – ***Les acomptes relatifs aux livraisons intracommunautaires exonérées nécessitent obligatoirement l'émission d'une facture :***

❒ a. vrai

❒ b. faux

15 – ***Une entreprise de construction reçoit une facture de son prestataire sous-traitant, établi en France, relative à un nettoyage de fin de chantier en mars 2015.***

La TVA exigible doit être mentionnée sur la facture délivrée par le sous-traitant :

❒ a. vrai

❒ b. faux

16 – ***Une entreprise de charpente et construction ossature bois a été créée le 2 janvier 2015. Cette entreprise est exclue du régime simplifié de TVA pendant 24 mois :***

❒ a. vrai

❒ b. faux

CORRIGÉ

1 – bonnes réponses : ❒ a ❒ c ❒ f

La TVA est un ***impôt indirect sur la consommation*** ; c'est donc le consommateur final qui la supporte, mais elle est réglée par étape par chaque intermédiaire. L'entreprise sert de ***collecteur*** de TVA auprès du consommateur et agit pour le compte de l'État.

Lorsqu'une entreprise vend des biens ou des services, elle ***collecte*** et ***fait payer*** la TVA à ses clients. Lorsqu'elle achète des biens et des services, elle paye la TVA à ses fournisseurs, mais elle la ***déduit*** de la TVA qu'elle a collectée.

Elle ne verse à l'État que la ***différence*** entre la TVA collectée du mois et la TVA déductible du même mois.

Les achats et les ventes apparaissent ***hors taxe*** dans le compte de résultat ; en conséquence, le résultat n'est pas affecté par la TVA.

2 – bonne réponse : ❐ b

La base d'imposition à la TVA se calcule sur le prix de vente ***hors taxes net de toutes réductions*** (commerciales et/ou financières) augmenté des frais accessoires (coût du transport, intermédiaire...). La TVA vient ***s'additionner*** à cette base de calcul afin d'obtenir le prix de vente toutes taxes comprises (TTC).

3 – bonne réponse : ❐ a

D'après le Code général des impôts, le montant de la consignation des emballages ***n'est pas pris en compte*** pour la détermination de la base d'imposition à la TVA.

4 – bonne réponse : ❐ c

La base d'imposition est la suivante :

Prix brut	3 000
Remise	300
Net commercial	2 700
Transport	100
Montant hors taxes	2 800

La TVA s'élève donc à :

2 800 x 20 % = 560 €

5 – bonnes réponses : ❐ a ❐ b ❐ c ❐ f ❐ h ❐ i

Parmi les ***opérations et activités imposables*** à la TVA, on distingue :

- les opérations et activités qui relèvent d'une ***activité économique effectuée à titre onéreux*** par un assujetti : livraisons de biens corporels (meubles et immeubles), livraisons de prestations de services, les activités libérales (avocats, notaires...). Toutefois, les activités médicales et paramédicales sont exonérées ;
- les opérations soumises à la TVA sur ***disposition expresse de la loi*** : les importations, les acquisitions intracommunautaires, les livraisons à soi-même d'immobilisations dont la TVA ouvre partiellement droit à déduction. Précisons que depuis le 21 décembre 2014, les livraisons à soi-même d'immobilisations dont la TVA ouvre intégralement droit à déduction ne sont plus taxables.

Parmi les ***opérations exonérées***, nous trouvons :

- les exportations ;
- les livraisons intracommunautaires ;
- certaines opérations financières et bancaires (emprunt, acquisition et cession de titres, intérêts...).

6 – bonnes réponses : ❒ a ❒ c ❒ d

Pour les livraisons à soi-même taxables : la TVA est acquittée ***par le redevable*** lui-même.

Pour les prestations de services réalisées entre assujettis établis en France : en cas de paiement fractionné, la TVA est calculée ***sur chaque encaissement*** sauf dans le cas particulier des contrats de sous-traitance dans le secteur du bâtiment, pour lequel la TVA est autoliquidée par le donneur d'ordre.

Pour les livraisons de biens : la livraison correspond généralement à la ***date de facturation***.

Pour les prestations de services autoliquidées d'après la règle générale : l'exigibilité intervient au moment de la ***réalisation de la prestation ou lors de l'encaissement des acomptes***.

7 – bonnes réponses : ❒ d ❒ f ❒ g ❒ h

Au 1er janvier 2015, il existe 4 taux de TVA applicables sur le prix hors taxes :

- ***taux normal 20 %*** : concerne les prestations de services et la plupart des produits manufacturés... ;
- ***taux intermédiaire 10 %*** : s'applique essentiellement à la restauration, aux médicaments non remboursés, aux spectacles autres que vivants, aux prestations de services destinées aux personnes, aux produits pour l'agriculture et l'élevage, aux produits horticoles et sylvicoles non transformés, aux travaux effectués dans les logements construits depuis plus de deux ans (sauf ceux taxés à 5,5 %) ;
- ***taux réduit 5,5 %*** : s'applique principalement aux produits alimentaires, aux livres sur tout type de support, aux appareillages pour handicapés, aux abonnements l'électricité ou au gaz, aux prestations liées à la dépendance, aux repas fournis dans les cantines scolaires, au logement fourni et à la nourriture servie dans les maisons de retraite ou les établissements pour handicapés, travaux améliorant la qualité énergétique dans les logements achevés depuis plus de deux ans, aux spectacles vivants et droits d'entrée dans les cinémas ;
- ***taux super-réduit 2,10 %*** : concerne les médicaments remboursables, la presse quotidienne et les hebdomadaires, les 140 premières représentations de théâtre ou de cirque, les ventes d'animaux vivants de boucherie ou charcuterie à des non-redevables.

Ces taux sont réduits pour la Corse et les départements d'outre-mer.

8 – bonne réponse : ❒ b

Toutes les entreprises sont dans l'obligation de télédéclarer et de télépayer la TVA sans condition de seuil et cela depuis le 1er octobre 2014.

9 – bonnes réponses : ❒ b ❒ f

À la fin de chaque mois ou de trimestre, l'entreprise doit constater sa situation vis-à-vis du Trésor public afin de déterminer soit le montant à reverser à l'État, soit le crédit de TVA.

Le calcul s'effectue comme suit :

	TVA collectée sur les ventes du mois **M**
+	TVA sur acquisitions et prestations intracommunautaires du mois **M**
–	TVA déductible sur les acquisitions d'immobilisations du mois **M**
–	TVA déductible sur les autres biens et services du mois **M** (y compris sur les acquisitions et prestations intracommunautaires)
=	**TVA à décaisser pour le mois M** **ou** **Crédit de TVA à reporter pour le mois M**

Dans l'exercice proposé, pour le mois de janvier, le calcul est le suivant :

(75 000 + 5 300) – (35 000 + 55 000 + 5 300) = – 15 000 €(crédit de TVA)

Pour le mois de février, il ne faut pas oublier dans le calcul de reporter le crédit de TVA :

(92 000 + 8 200) – (51 000 + 7 000 + 8 200 + 15 000) = 19 000 €(TVA à décaisser)

10 – bonnes réponses : ❒ c ❒ e

Le coefficient d'assujettissement :

- est égal à 1 pour les biens et services affectés exclusivement à des opérations situées dans le champ d'application de la TVA, qu'elles soient taxées ou légalement exonérées ;
- est égal à 0 pour les biens et services affectés exclusivement à des opérations situées hors du champ d'application de la TVA ;
- est inférieur à 1 pour les biens et services utilisés concurremment à des opérations imposables et non imposables.

Le coefficient de taxation :

- est égal à un pour les biens et services utilisés à des opérations imposables ouvrant droit à déduction ;

– est égal à 0 pour les biens et services utilisés à des opérations imposables n'ouvrant pas droit à déduction ;
– est inférieur à 1 et déterminé forfaitairement pour les biens et services utilisés concurremment à des opérations imposables ouvrant droit à déduction et n'ouvrant pas droit à déduction.

11 – bonne réponse : ❒ c

La période de régularisation est de :

– 20 ans pour les immeubles. Toutefois, depuis la réforme de la TVA immobilière applicable depuis le 11 mars 2010, seules les cessions d'immeubles non imposées à la TVA sont concernées par une régularisation globale ;
– 5 ans pour les biens immobilisés autres que les immeubles.

12 – bonnes réponses : ❒ b ❒ f ❒ i ❒ k ❒ m ❒ q ❒ u ❒ w

Le territoire français comprend :

– la France continentale et la Corse ;
– la principauté de Monaco ;
– les eaux territoriales ;
– le plateau continental.

Le territoire de l'Union européenne, au 1er janvier 2015, est ***composé de 28 États*** : Allemagne, Autriche, Belgique, Bulgarie, Croatie, Chypre, Danemark, Espagne, Estonie, Finlande, France, Grèce, Hongrie, Irlande, Italie, Lettonie, Lituanie, Luxembourg, Malte, Pays-Bas, Pologne, Portugal, République tchèque, Roumanie, Royaume-Uni, Slovaquie, Slovénie et Suède.

Le territoire d'exportation comporte :

– les départements et régions d'outre-mer (sauf pour les prestations de services pour lesquelles ils sont soumis aux mêmes règles que le territoire français) ;
– les collectivités d'outre-mer, la Nouvelle-Calédonie, la principauté d'Andorre et les terres Australes et Antarctiques ;
– tous les autres pays en dehors de l'Union européenne ;
– et certaines zones européennes exclues de l'Union européenne (îles anglo-normandes, le mont Athos…).

13 – bonnes réponses : ❒ a ❒ c

Le prestataire qui fournit des services à des preneurs assujettis établis dans un autre État de l'Union européenne doit ***déclarer tous les mois et dès le premier euro*** les prestations qui donnent lieu à autoliquidation de la TVA, en application du principe général en vigueur depuis le 1er janvier 2010.

En conséquence, le prestataire n'est pas tenu de souscrire la DES pour une opération ne relevant pas du principe général de taxation.

La DES doit être, en principe, déposée par voie électronique sauf, pour les petites entreprises telles que celles soumises à la franchise en base.

14 – bonne réponse : ❒ b

Pour les opérations réalisées depuis le 1er janvier 2013, il ***n'est plus obligatoire d'émettre une facture pour les acomptes*** qui se rapportent aux livraisons intracommunautaires exonérées.

15 – bonne réponse : ❒ b

La loi de finances pour 2014 a instauré un ***mécanisme d'autoliquidation de la TVA*** qui rend le donneur d'ordre du secteur du bâtiment redevable de la TVA. En conséquence, le sous-traitant ne collecte plus la TVA relative aux prestations rendues au donneur d'ordre.

La facture est ***établie hors taxes*** et doit comporter la mention « *Autoliquidation* ».

16 – bonne réponse : ❒ a

Pour les exercices ouverts depuis le 1er janvier 2015, ***les entreprises du secteur du bâtiment*** qui commencent leur activité, qui reprennent leur activité après une cessation temporaire ou bien qui optent pout le paiement de la TVA sont obligatoirement soumises au régime réel normal au regard de la TVA uniquement et pendant une période de deux ans.

Ces entreprises peuvent ***demander à bénéficier*** ensuite du régime simplifié dès lors qu'elles remplissent les conditions de ce régime.

PARTIE 2

L’imposition des résultats de l’entreprise (BIC – IS)

THÈME 5

L'imposition des résultats des entreprises

EXERCICE 16 Personnes morales et imposition des résultats

Vous êtes chargé de déterminer le régime fiscal des sociétés suivantes :

Personne morale	Imposition de plein droit		Option possible	
	IS	IR : catégorie BIC	IS	IR : catégorie BIC
A - La société anonyme Dutour, créée en 2002	☐	☐	☐	☐
B - La société à responsabilité limitée Gilbert, créée en 2012. Son capital appartient à M. Gilbert, gérant, à hauteur de 55 %. La SARL compte un effectif de 35 salariés et un CA de 2 millions d'euros	☐	☐	☐	☐
C - La société par actions simplifiée Pasco, créée en 2011, dont le capital est détenu à hauteur de 75 % par la SA Dutour	☐	☐	☐	☐
D - La société à responsabilité limitée Durand, créée en 2000, entre deux frères	☐	☐	☐	☐
E - La société en nom collectif Dutilleul	☐	☐	☐	☐
F - La société anonyme Deluxe, cotée en bourse	☐	☐	☐	☐

Personne morale	Imposition de plein droit		Option possible	
	IS	IR : catégorie BIC	IS	IR : catégorie BIC
G - L'entreprise unipersonnelle à responsabilité limitée Félix, dont l'associé est une personne physique	☐	☐	☐	☐
H - L'entreprise unipersonnelle à responsabilité limitée Mechin, dont l'associé est une autre société	☐	☐	☐	☐
I - La société à responsabilité limitée Fanny, créée en 2002 entre deux cousins	☐	☐	☐	☐

■ *Cocher pour chaque personne morale la ou les bonnes réponses.*

CORRIGÉ

Il existe ***deux régimes fiscaux*** :

– l'impôt sur le revenu (IR) dans la catégorie des bénéfices industriels et commerciaux (BIC) ;

– et l'impôt sur les sociétés (IS) ;

applicables selon le type de sociétés.

Les sociétés de capitaux sont en ***général soumises à l'impôt sur les sociétés*** et les sociétés de personnes à ***l'impôt sur le revenu*** dans la catégorie des bénéfices industriels et commerciaux, le cas échéant, assorties d'un droit d'option.

Les petites sociétés de capitaux non cotées, créées depuis moins de cinq ans et constituées sous la forme de société anonyme, de société à responsabilité limitée ou de société par actions simplifiée peuvent exercer ***une option temporaire*** pour le régime des sociétés de personnes, sous certaines conditions.

Personne morale	Imposition de plein droit		Option possible	
	IS	IR : catégorie BIC	IS	IR : catégorie BIC
A - La société anonyme Dutour, créée en 2002	■	□	□	□
B - La société à responsabilité limitée Gilbert, créée en 2012. Son capital appartient à M. Gilbert, gérant, à hauteur de 55 %. La SARL compte un effectif de 35 salariés et un CA de 2 millions d'euros	■	□	□	■
C - La société par actions simplifiée Pasco, créée en 2011, dont le capital est détenu à hauteur de 75 % par la SA Dutour	■	□	□	□
D - La société à responsabilité limitée Durand, créée en 2000, entre deux frères	■	□	□	■
E - La société en nom collectif Dutilleul	□	■	■	□
F - La société anonyme Deluxe, cotée en bourse	■	□	□	□
G - L'entreprise unipersonnelle à responsabilité limitée Félix, dont l'associé est une personne physique	□	■	■	□
H - L'entreprise unipersonnelle à responsabilité limitée Mechin, dont l'associé est une autre société	■	□	□	□
I - La société à responsabilité limitée Fanny, créée en 2002 entre deux cousins	■	□	□	□

Commentaire :

A : la SA Dutour a été créée il y a plus de 5 ans ; elle ne peut pas opter pour le régime des sociétés de personnes.

B : la SARL Gilbert a été créée il y a moins de 5 ans. Elle remplit les conditions lui permettant d'exercer une option temporaire pour le régime des sociétés de personnes :

– capital détenu à hauteur de 50 % au moins par des personnes physiques et à hauteur de 34 % au moins par le dirigeant et les membres de son foyer fiscal ;
– effectif inférieur à 50 salariés ;
– et chiffre d'affaires inférieur à 10 millions d'euros.

C : la SAS Pasco ne remplit pas les conditions pour exercer l'option pour le régime des sociétés de personnes (son capital n'est pas détenu par des personnes physiques à hauteur de 50 % au moins).

D : il s'agit d'une société à responsabilité limitée de famille. Elle peut opter pour le régime des sociétés de personnes.

E : la société Dutilleul est soumise au régime fiscal des sociétés de personnes de plein droit mais elle peut opter pour l'impôt sur les sociétés.

F : la société Deluxe est cotée : elle ne peut pas exercer l'option temporaire pour le régime des sociétés de personnes.

G : la société Félix est une entreprise unipersonnelle à responsabilité limitée dont l'associé unique est une personne physique. Elle est soumise de plein droit à l'impôt sur le revenu dans la catégorie des bénéfices industriels et commerciaux avec une possibilité d'option pour l'impôt sur les sociétés.

H : la société Mechin est une entreprise unipersonnelle à responsabilité limitée dont l'associé unique est une société. Elle est soumise de plein droit à l'impôt sur les sociétés mais elle est hors champ d'application de l'option temporaire pour le régime fiscal des sociétés de personnes prévu pour les SA, les SARL et les SAS.

I : la société Fanny ne répond pas à la définition d'une société à responsabilité limitée de famille. Elle a été créée il y a plus de 5 ans. Elle ne peut pas opter pour le régime des sociétés de personnes.

EXERCICE 17 Régime de la micro-entreprise

Les informations suivantes vous sont communiquées :

A – l'EIRL Rimini est spécialisée dans le commerce de détail de tissus et de rubans. Son chiffre d'affaires annuel est de 65 000 €

B – l'entreprise individuelle Malbosc a pour objet social la vente d'ordinateurs, leur réparation et la formation en informatique. Son chiffre d'affaires annuel global HT est de 78 000 € dont 28 000 € pour l'activité de réparation et de formation pour N

C – la baraque à frites « Chez Danny » réalise un chiffre d'affaires annuel de 87 000 € en N ; en N – 1 son chiffre d'affaires s'élevait à 69 000 €

D – Gilles est avocat : ses recettes en N s'élèvent à 31 000 €

Toutes les entreprises ci-dessus ont choisi de bénéficier du régime de franchise en base de TVA dès qu'elles en remplissent les conditions. Aucun contribuable n'a opté pour le régime simplifié de paiement des cotisations sociales (micro-social).

- *Déterminer pour chacune des situations décrites s'il est possible de bénéficier du régime micro BIC ou micro BNC.*
- *Calculer le bénéfice imposable des entreprises qui relèvent du régime du micro BIC ou du micro BNC.*
- *Déterminer si ces entreprises sont susceptibles de relever du versement fiscal libératoire.*

CORRIGÉ

1 – Le seuil d'application du régime micro BIC et du régime micro BNC

Les situations A, B et C sont des activités imposables dans la catégorie des bénéfices industriels et commerciaux. La situation D relève de la catégorie des bénéfices non commerciaux.

Le régime micro BIC s'applique aux entreprises individuelles qui bénéficient du régime de la franchise en base de TVA et réalisent un chiffre d'affaires annuel hors taxes :

- inférieur ou égal à 82 200 € pour les entreprises dont le commerce principal est de vendre des marchandises, objets, fournitures et denrées à emporter ou à consommer sur place, ou de fournir le logement ;
- inférieur ou égal à 32 900 € pour les autres entreprises (prestations de services).

A – L'entreprise Rimini dont l'activité consiste en la vente de marchandises peut relever du régime du micro BIC car ses recettes annuelles sont inférieures à 82 200 €.

B – L'activité de l'entreprise Malbosc est mixte. Il s'agit à la fois de ventes de marchandises et de prestations de services. Pour pouvoir bénéficier du régime du micro BIC, elle doit ***respecter cumulativement les deux seuils suivants*** :

- chiffre d'affaires global inférieur ou égal à 82 200 € ;
- et chiffre d'affaires réalisé au titre des prestations de services inférieur ou égal à 32 900 €.

Ces deux conditions sont remplies. L'entreprise Malbosc peut donc relever du régime du micro BIC.

C – Le chiffre d'affaires de la baraque à frites *Chez Danny* dépasse le seuil prévu pour l'application du régime du micro BIC en N (87 000 € > 82 200 €). En N – 1, le chiffre d'affaires de la baraque à frites était de 69 000 € : N est donc la première année de dépassement.

Or, pour les exercices clos avant 2015, en cas de dépassement des seuils, le régime micro BIC demeure applicable pendant une période de deux années consécutives à la condition que le régime de la franchise en base soit applicable, c'est-à-dire que soit respecté le seuil de 90 300 € (ventes et assimilées) ou celui de 34 900 € (prestations de services). Le régime du micro BIC s'applique donc toujours en N.

Précisons que pour les exercices clos à compter du 31 décembre 2015, le régime micro restera applicable l'année au cours de laquelle la limite majorée de la franchise en base est dépassée.

D – L'activité d'un avocat relève des bénéfices non commerciaux.

Le régime micro BNC s'applique à l'activité des avocats bénéficiant de la franchise en base de TVA dont le montant annuel hors taxes des recettes n'excède pas 42 600 € : Gilles peut donc relever du régime du micro BNC.

2 – Le calcul du bénéfice imposable dans le régime du micro BIC et du micro BNC

Le bénéfice imposable dans le cadre du régime du micro BIC (et du micro BNC) s'obtient en appliquant un abattement de 71 % ou 50 % au chiffre d'affaires (ou de 34 % aux recettes).

Le calcul du bénéfice imposable est présenté dans le tableau ci-dessous :

Nom	Chiffres d'affaires	Bénéfice imposable
Rimini	65 000 €	Les entreprises qui réalisent des ventes doivent appliquer un abattement de 71 %. Le résultat imposable s'élève à : 65 000 – (65 000 x 71 %) = 18 850 €
Malbosc	Ventes : 50 000 € Prestations de services : 28 000 €	Le CA relevant des ventes bénéficie d'un abattement de 71 %. Le CA relevant des prestations de services bénéficie d'un abattement de 50 %. Le résultat imposable s'élève à : 50 000 – (50 000 x 71 %) + 28 000 – (28 000 x 50 %) = 28 500 €

Nom	Chiffres d'affaires	Bénéfice imposable
Chez Danny	87 000 €	Lorsque le régime du micro BIC est maintenu en cas de dépassement des seuils de chiffre d'affaires pendant les deux premières années, l'entreprise continue à bénéficier de l'abattement de 71 % sur l'ensemble du chiffre d'affaires. Le résultat imposable est de : 87 000 – (87 000 x 71 %) = 25 230 €
Gilles	31 000 €	Le résultat imposable est de : 31 000 – (31 000 x 34 %) = 20 460 €

3 – Le versement fiscal libératoire

Les contribuables soumis au régime des micro-entreprises (micro BIC ou micro BNC) peuvent effectuer ***sur option***, auprès de l'URSSAF, un versement libératoire de l'impôt sur le revenu. Le versement est calculé à partir du chiffre d'affaires (ou des recettes) hors taxes du contribuable. Le taux du versement libératoire varie entre 1 % et 2,2 % selon l'activité concernée.

Le versement fiscal libératoire n'est pas possible pour les entreprises qui sont redevables de la TVA et pour lesquelles la franchise en base n'est pas applicable.

Pour pouvoir en bénéficier, les contribuables doivent ***remplir plusieurs conditions*** :

- ils doivent avoir opté pour le régime simplifié de paiement des cotisations sociales (micro-social) ;
- le montant du revenu fiscal de référence du foyer fiscal de l'avant-dernière année doit être inférieur ou égal, pour une part de quotient familial, à la limite supérieure de la troisième tranche du barème de l'impôt sur le revenu de l'année précédant celle au titre de laquelle l'option est exercée (tranche imposée au taux de 14 %). Cette limite est de 26 631 € pour 2013 au titre du versement libératoire en 2015.

Aucun des contribuables n'a opté pour le régime simplifié de paiement des cotisations sociales (micro-social). Le versement fiscal libératoire ne leur est donc pas applicable.

Notons que ***le régime du micro-social sera appliqué automatiquement à tous les micro-entrepreneurs*** au plus tard au 1er janvier 2016.

EXERCICE 18 Activités et imposition des résultats

Les informations suivantes vous sont communiquées :

A – madame Firmin exploite une pharmacie ainsi qu'un laboratoire d'analyse médicale

B – monsieur Héno est médecin. Il loue par ailleurs une partie de ses locaux à un confrère

C – monsieur Goyec retraité, ancien épicier, loue son fonds de commerce en location-gérance

D – monsieur Élusse, salarié dans un hypermarché, loue en meublé un appartement

E – monsieur Robin est associé unique et gérant d'une EURL spécialisée dans la construction métallique

F – madame Saosse est propriétaire d'une agence de voyage

G – monsieur Bodon est expert-comptable

H – monsieur Leroy est artisan électricien

I – monsieur Gallic exploite une entreprise spécialisée dans la fabrication et la livraison de pizzas

J – madame Sante est architecte

K – monsieur Stip commercialise dans son magasin des tisanes et des confitures fabriquées à partir d'herbes et de fruits qu'il récolte lui-même

L – madame Loup est horticultrice-fleuriste. Elle vend les produits de sa récolte sur son lieu d'exploitation

■ *Préciser pour chaque personne si son activité relève des BIC en justifiant la réponse.*

CORRIGÉ

A – Madame Firmin : l'activité *pharmacie* est une activité commerciale qui dépend des *BIC*. Les activités du *laboratoire d'analyse médicale* relèvent quant à elles des *BNC* ; toutefois, si l'activité est qualifiée d'accessoire à une activité commerciale, elle est également soumise aux *BIC*.

B – Monsieur Héno : il exerce, en tant que médecin, une activité libérale qui relève des *BNC*. Par ailleurs, la location est une acticité commerciale soumise aux *BIC*.

C – Monsieur Goyec : il n'exerce plus son activité de commerçant mais la location-gérance représente une opération commerciale soumise aux ***BIC***.

D – Monsieur Élusse : la location d'appartements en meublé est soumise aux ***BIC***.

E – Monsieur Robin : il s'agit d'une activité industrielle soumise aux ***BIC***.

F – Madame Saosse : elle exerce une activité de prestations de services soumise aux ***BIC***.

G – Monsieur Bodon : il exerce une activité libérale relevant des ***BNC***.

H – Monsieur Leroy : les revenus d'une activité artisanale (prestations de services) sont des ***BIC***.

I – Monsieur Gallic : l'activité commerciale (fabrication et livraison de pizzas) relève des ***BIC***.

J – Madame Sante : elle exerce une activité libérale qui relève des ***BNC***.

K – Monsieur Stip : l'activité n'est pas agricole mais considérée comme commerciale car les produits sont vendus au détail dans un magasin ; elle relève donc des ***BIC***.

L – Madame Loup : elle exerce une activité agricole ; les profits réalisés ont le caractère de ***bénéfices agricoles (BA)*** et non de BIC.

THÈME 6

La déductibilité des charges

EXERCICE 19 Crédit-bail relatif à un véhicule de tourisme

La société MVS a conclu, le 1er février N – 1, un contrat de crédit-bail relatif à un véhicule de tourisme.

Le montant mensuel de la redevance s'élève à 680 €.

Le véhicule a été acquis neuf par le bailleur en janvier N – 1 au prix de 46 000 € toutes taxes comprises ; il est amorti selon le mode linéaire sur cinq ans ; aucun composant n'a été identifié.

- *Déterminer, pour l'année N, le montant de la redevance annuelle. Est-elle déductible dans les entreprises soumises :*
  - *à l'impôt sur le revenu ?*
  - *à l'impôt sur les sociétés ?*
- *Calculer, le cas échéant, la fraction non déductible pour cette opération de crédit-bail au titre de l'année N dans les deux hypothèses suivantes :*
  - *première hypothèse : le véhicule de tourisme possède un taux d'émission de dioxyde de carbone inférieur à 200 g/km ;*
  - *deuxième hypothèse : le véhicule de tourisme possède un taux d'émission de dioxyde de carbone supérieur à 200 g/km (véhicule le plus polluant).*

CORRIGÉ

1 – La redevance annuelle

Montant de la redevance annuelle :

680 x 12 = 8 160 €

Les redevances de crédit-bail sont des ***charges***, en principe, déductibles tant pour les entreprises soumises à l'impôt sur le revenu que pour celles soumises à l'impôt sur les sociétés, mais, dans le cas d'un véhicule de tourisme, le montant déductible est limité.

2 – Le montant de la redevance non déductible

a) Première hypothèse : véhicule de tourisme dont le taux d'émission de dioxyde de carbone est inférieur à 200 g/km

Le crédit-bail ne doit pas aboutir à un régime fiscal plus favorable que celui applicable pour l'achat du véhicule de tourisme. De ce fait, la limite de déductibilité des amortissements pour la fraction du prix excédant 18 300 € s'applique également aux redevances de crédit-bail.

La TVA n'étant pas déductible, l'amortissement se calcule sur le prix toutes taxes comprises.

Taux d'amortissement :

100 / 5 = 20 %

Fraction non déductible :

(46 000 – 18 300) 20 % = 5 540 €

Il s'agit d'une charge non déductible qu'il convient de réintégrer de manière extra-comptable.

b) Deuxième hypothèse : véhicule de tourisme dont le taux d'émission de dioxyde de carbone est supérieur à 200 g/km

Lorsque le véhicule pris en crédit-bail est un véhicule polluant (émission de dioxyde de carbone supérieure à 200 g/km), la limite de déductibilité est ramenée à 9 900 €.

La fraction non déductible est donc dans ce cas :

(46 000 – 9 900) 20 % = 7 220 €

EXERCICE 20 Intérêts des comptes courants

La SA Kodsi, constituée en N – 7, au capital de 500 000 € entièrement libéré, rémunère au cours de l'année N des sommes laissées en compte courant par des associés au taux de 6 %. La société anonyme n'est pas sous-capitalisée au sens fiscal du terme. Le taux d'intérêt légal (TMPV) est, par hypothèse, fixé à 2,80 % pour l'année N. L'entreprise sait qu'elle obtiendrait des banques de la région un prêt à un taux de 3,60 %.

Ces sommes s'élèvent à 1 250 000 € et se répartissent de la façon suivante : 600 000 € pour le président du conseil d'administration, M. Firmin ; 200 000 € pour le directeur général adjoint, M. Leroux ; 50 000 € pour un associé, M. Dubet, possédant 12 % des actions ; cet associé n'exerce aucune fonction dans la société ; 400 000 € pour la SA Distribus ; cette société remplit tous les critères pour être considérée comme une entreprise liée sur le plan fiscal et pour permettre la déductibilité des intérêts chez la SA Kodsi dans le respect des règles fiscales.

■ *Calculer le montant des intérêts à réintégrer.*

CORRIGÉ

Pour les sociétés soumises à l'impôt sur les sociétés, les intérêts versés en rémunération des comptes courants d'associés sont déductibles lorsque ***deux conditions sont réunies*** :

- le capital social doit être entièrement libéré, ce qui est le cas pour la société Kodsi. Sinon la totalité des intérêts aurait été non déductible, soit :

  1 250 000 x 6 % = 75 000 €

- le taux pratiqué par la société ne doit pas excéder le taux d'intérêt légal, sauf pour les entreprises liées pour lesquelles il est possible de retenir le taux du marché. Dans le cas de la société Kodsi, les taux sont respectivement de 2,80 % (taux d'intérêt légal) et de 3,60 % (taux d'intérêt du marché).

Il existe plusieurs méthodes de calcul.

Pour la société Kodsi, la méthode par le calcul des intérêts déductibles a été retenue. ***La démarche est la suivante*** :

① **Calculer** → les intérêts comptabilisés :

1 250 000 x 6 % = 75 000 €

② **Évaluer** → la base de calcul des intérêts déductibles pour les associés :

- pour la société liée SA Distribus, la base est de 400 000 €
- pour les autres associés : Firmin (600 000 €), Leroux (200 000 €) et Dubet (50 000 €), la base est de 850 000 €

La base de calcul des intérêts déductibles est donc de 1 250 000 €

③ **Calculer** → le montant des intérêts déductibles :

- pour les associés hors société liée : 850 000 x 2,80 % = 23 800 €
- pour la société liée : 400 000 x 3,60 % = 14 400 €

Soit un total d'intérêts déductibles : 23 800 + 14 400 = 38 200 €

Si le montant des intérêts versés par la société était > 150 000 €, il faudrait vérifier qu'elle ne puisse pas être considérée comme une société sous-capitalisée au sens fiscal du terme. Si tel était le cas, les intérêts versés au-delà de 150 000 € ne seraient pas déductibles tant que la société serait sous-capitalisée. Leur déductibilité serait reportée aux exercices ultérieurs sous la condition d'une recapitalisation de la filiale.

④ **Déterminer** → le montant des intérêts à réintégrer :

75 000 – 38 200 = 36 800 €

EXERCICE 21 Déductibilités des charges financières des grandes entreprises

La gestion financière de la SA Kalys, entreprise spécialisée dans les matériaux de construction, a généré les charges et les produits financiers suivants au titre de l'exercice N :

– 661 Charges d'intérêts :	*4 500 000 €*
– 664 Pertes sur créances liées à des participations :	*20 000 €*
– 666 Pertes de change :	*930 000 €*
– 667 Charges nettes sur cessions de valeurs mobilières de placement :	*35 000 €*
– 761 Produits de participation :	*320 000 €*
– 764 Revenus des valeurs mobilières de placement :	*62 000 €*
– 766 Gains de change :	*580 000 €*

■ *Évaluer le montant des charges financières nettes déductibles du résultat et en déduire les conséquences fiscales.*

Corrigé

Les sociétés soumises à l'impôt sur les sociétés ***ne peuvent déduire que 75 %*** de leur charges financières nettes si leur montant est supérieur à 3 M€ pour les exercices clos au 31 décembre 2014.

Le montant des charges financières nettes est déterminé de la manière suivante :

Total des charges financières enregistrées dans les comptes 66 Charges financières à l'exclusion des comptes 664 et 667

–

Total des produits financiers enregistrés dans les comptes 76 Produits financiers à l'exclusion du compte 767

Soit pour la société Kalys :

(4 500 000 + 930 000) – (320 000 + 580 000) = 4 530 000 €

Le montant des charges financières nettes déductibles du résultat de la société Kalys est supérieur à 3 M€. Elle ne peut donc déduire que 75 % du montant global de ces charges, soit :

4 530 000 x 75 % = 3 397 500 €

En conséquence, ***la quote-part des charges financières nette non déductibles à réintégrer*** pour calculer le résultat fiscal est égal à :

4 530 000 x 25 % = 1 132 500 €

Exercice 22 Jetons de présence

La SA Oris a versé en N à ses 4 administrateurs des jetons de présence pour 4 000 €. Durant cette période, elle a employé 4 salariés qui ont perçu une rémunération totale de 125 000 €.

En N + 1 et N + 2, les quatre administrateurs ont reçu, au titre des jetons de présence d'un montant de 15 000 €.

En N + 1, la société employait 10 salariés percevant des rémunérations totales de 300 000 €, dont 250 000 € versés aux 5 salariés les mieux rémunérés.

En N + 2, le nombre de salariés et le montant des salaires ont été identiques à ceux de l'année N + 1, mais un cinquième administrateur a pris ses fonctions le 1er juillet N + 2.

■ *Calculer le montant des jetons de présence à réintégrer pour les années N, N + 1 et N + 2.*

CORRIGÉ

Montant des jetons de présence à réintégrer pour ***l'année N*** :

Éléments	Montant
Jetons de présence comptabilisés	4 000
Jetons de présence déductibles : société employant moins de cinq salariés : limite de 457 € par administrateur, soit : 457 x 4 administrateurs	1 828
Jetons de présence à réintégrer	2 172

Montant des jetons de présence à réintégrer pour l'année ***N + 1*** :

Éléments	Montant
Jetons de présence comptabilisés	15 0000
Jetons de présence déductibles : société employant au moins cinq salariés : limite de 5 % de la moyenne annuelle des rémunérations brutes des cinq ou dix salariés les mieux payés (selon que l'effectif est de plus ou moins 200 salariés) multipliée par le nombre d'administrateurs. Moyenne des rémunérations des cinq salariés les mieux payés : 250 000 / 5 = 50 000 € Limite : (5 % x 50 000) x 4 administrateurs	10 000
Jetons de présence à réintégrer	5 000

Montant des jetons de présence à réintégrer pour l'année *N + 2* :

Éléments	Montant
Jetons de présence comptabilisés	15 000
Jetons de présence déductibles : société employant au moins cinq salariés : limite de 5 % de la moyenne annuelle des rémunérations brutes des cinq ou dix salariés les mieux payés (selon que l'effectif est de plus ou moins 200 salariés) multipliée par le nombre d'administrateurs. Moyenne des rémunérations des cinq salariés les mieux rémunérés : 250 000 / 5 = 50 000 € Nombre d'administrateurs : quatre (sur une année complète) et un administrateur pendant 6 mois, c'est-à-dire 0,5 année (6/12) : 4 + 0,5 = 4,5 administrateurs Limite : (5 % x 50 000) x 4,5 administrateurs	11 250
Jetons de présence à réintégrer	3 750

EXERCICE 23 Taxe exceptionnelle sur les hautes rémunérations

La SA Mop a réalisé en 2014 un CAHT de 36 M€. Elle a versé à 4 de ses salariés une rémunération brute individuelle de 2,5 M€.

■ *Calculer le montant de la taxe à acquitter en février 2015.*

CORRIGÉ

La taxe exceptionnelle sur les hautes rémunérations due par la société Mop est égale à 50 % de la part des rémunérations individuelles supérieures à 1 M€. Toutefois, elle est plafonnée à 5 % du chiffre d'affaires réalisé en 2014.

La base de calcul de la taxe est de : (2,5 – 1) x 4 = 6 M€

Le montant théorique de la taxe due s'élève à : 6 x 50 % = 3 M€

Le montant plafonné de la taxe est de : 36 x 5 % = 1,8 M€

Le montant théorique de la taxe est supérieur au plafond. En conséquence, la société devra acquitter en février 2015 une taxe exceptionnelle sur les hautes rémunérations d'un montant de 1,8 M€.

EXERCICE 24 Amortissements comptables et amortissements fiscaux : amortissements dérogatoires

La société Korn a acquis et mis en service le 1er octobre 2015 une immobilisation non décomposable de 22 000 € qu'elle a décidé de renouveler dans huit ans. Son prix de reprise est estimé à 2 000 €.

L'amortissement comptable de l'immobilisation s'effectue d'après le mode linéaire. Cependant, le bien peut bénéficier du mode dégressif sur une durée d'usage fiscale de six ans. La date de clôture de l'exercice est le 31 décembre.

La première annuité du plan d'amortissement comptable s'élève à 625 € alors que la première annuité du plan d'amortissement fiscal est de 1 604,35 €.

- *Après avoir vérifié les calculs des amortissements comptables et des amortissements fiscaux pour l'année 2015, déterminer et analyser les divergences constatées.*

CORRIGÉ

Les amortissements comptables sont calculés sur la ***valeur brute*** de l'immobilisation diminuée de la valeur résiduelle. La durée d'amortissement est la durée réelle d'utilisation du bien déterminée par l'entreprise.

Amortissement comptable : (22 000 – 2 000) x 12,5 % x 3/12 = 625,00 €

Les amortissements fiscaux sont calculés sur la valeur brute de l'immobilisation et la durée d'amortissement retenue est la durée d'usage fiscale. Le coefficient d'amortissement dégressif pour une durée d'usage fiscale de 6 ans est de 1,75.

Amortissement fiscal : 22 000 x (16,67 % x 1,75) x 3/12 = 1 604,35 €

La différence entre les amortissements comptables et les amortissements fiscaux (durée, base amortissable) se traduit soit par la comptabilisation d'amortissements dérogatoires, soit par la prise en compte de réintégrations fiscales.

Amortissement fiscal :	1 604,35
Amortissement comptable :	– 625,00
Amortissement dérogatoire :	= 979,35 €

Dans le cas présent, l'amortissement fiscal étant supérieur à l'amortissement comptable, la charge déductible pour l'exercice 2015 correspond à l'amortissement fiscal, soit : 1 604,35 €

EXERCICE 25 Amortissements d'une voiture particulière

La société Préma acquiert un véhicule non polluant, le 1er octobre 2015, au prix toutes taxes comprises de 35 000 €. Le bien est amorti en mode linéaire sur 5 ans alors que la durée d'usage fiscal est de 4 ans.

La société clôture son exercice le 31 décembre.

- *Déterminer les amortissements déductibles et les retraitements fiscaux à opérer après avoir présenté les amortissements comptables, fiscaux et dérogatoires.*

CORRIGÉ

La différence entre les amortissements comptables et les amortissements fiscaux (durée, base amortissable) se traduit par la comptabilisation d'amortissements dérogatoires ou par la prise en compte de réintégrations fiscales.

Annuité linéaire : 35 000 / 5 = 7 000

Annuité fiscale : 35 000 / 4 = 8 750

Exercices	Amortissement fiscal	Amortissement linéaire	Amortissement dérogatoire	
			Dotation	Reprise
2015	2 187,50 = (8 750 x 3/12)	1 750,00 = 7 000 x 3/12	437,50	
2016	8 750,00	7 000,00	1 750,00	
2017	8 750,00	7 000,00	1 750,00	
2018	8 750,00	7 000,00	1 750,00	
2019	6 562,50 = (8 750 x 3/12)	7 000,00		437,50
2020	—	5 250,00 = (7 000 x 9/12)		5 250,00
	35 000,00	35 000,00	5 687,50	5 687,50

Pour les véhicules de tourisme non polluants, la limite de déduction des amortissements est de 18 300 €. En conséquence, l'annuité de l'amortissement fiscal déductible est égale à :

18 300 / 4 = 4 575 €

Exercices	Amortissement fiscal	Amortissement fiscal déductible	Réintégration fiscale
2015	2 187,50	(4 575 x 3/12) = 1 143,75	1 750,00 + 437,50 – 1 143,75 = 1 043,75
2016	8 750,00	4 575,00	7 000,00 + 1 750,00 – 4 575,00 = 4 175,00
2017	8 750,00	4 575,00	7 000,00 + 1 750,00 – 4 575,00 = 4 175,00
2018	8 750,00	4 575,00	7 000,00 + 1 750,00 – 4 575,00 = 4 175,00
2019	6 562,50	(4 575 x 9/12) = 3 431,25	7 000,00 + 437,50 – 3 431,25 = 3 131,25
	35 000,00	18 300,00	16 700,00

EXERCICE 26 Amortissements comptables et amortissements fiscaux : réintégrations et déductions extra-comptables

La société Guérin acquiert un matériel non décomposable le 1er avril N pour 60 000 € HT.

La durée réelle d'utilisation du matériel est de cinq ans alors que la durée d'usage fiscale est de six ans. Le mode d'amortissement le mieux adapté est le linéaire.

- *Évaluer les réintégrations et les déductions extra-comptables après avoir calculé les amortissements comptables et fiscaux.*

CORRIGÉ

Lorsque la durée d'utilisation comptable est plus courte que la durée d'usage, la fraction de l'amortissement comptable qui excède le montant de l'amortissement fiscal est réintégrée.

Les réintégrations sont effectuées linéairement sur la durée d'usage restant à courir.

Les déductions peuvent être réalisées globalement en cas de cession.

Exercices	Amortissements fiscaux	Amortissements linéaires	Réintégrations extra-comptables	Déductions extra-comptables
N	60 000/6 x 9/12 = 7 500	60 000/5 x 9/12 = 9 000	1 500	
N + 1	60 000/6 = 10 000	60 000/5 =12 000	2 000	
N + 2	10 000	12 000	2 000	
N + 3	10 000	12 000	2 000	
N + 4	10 000	12 000	2 000	
N + 5	10 000	12 000 x 3/12 = 3 000		7 000
N + 6	60 000/6 x 3/12 = 2 500			2 500
	60 000	60 000	9 500	9 500

EXERCICE 27 Amortissements régulièrement différés (ARD) et amortissements irrégulièrement différés (AID)

La société Grall, entreprise industrielle, a acquis au début de l'année 2014 :

- *une sécheuse, amortissable sur cinq ans selon le mode linéaire, au prix de 20 000 € hors taxes. Aucun composant n'a été identifié ;*
- *un matériel de levage, amortissable sur 10 ans selon le mode dégressif (dépréciation économique ; taux 10 % ; coefficient 2,25), au prix de 40 000 € hors taxes. Aucun composant n'a été identifié.*

La dotation de 2014 a été normalement comptabilisée à la clôture de l'exercice.

Au 31 décembre 2015, le comptable n'a enregistré aucune dotation.

En 2016, le comptable reprend une comptabilisation normale des annuités.

■ *Procéder à l'analyse fiscale des amortissements pour les années 2014, 2015 et 2016, sachant que la société Grall bénéficie du régime de simplification réservé aux PME.*

CORRIGÉ

Les PME sont autorisées à établir *les plans d'amortissements des biens non décomposés* selon la durée d'usage, sans rechercher la durée réelle d'utilisation, à condition qu'elles ne dépassent pas, à la clôture de l'exercice, 2 des 3 critères suivants : 4 000 000 € pour le total du bilan ; 8 000 000 € pour le chiffre d'affaires ; 50 salariés.

1 – La sécheuse

Amortissement de la sécheuse (Taux : 20 %)

Exercices	Amortissements pratiqués		Cumuls des amortissements linéaires minimum
	Dotations	Cumuls	
31/12/2014	4 000 (20 000 x 20 %)	4 000	4 000
31/12/2015	Aucune	4 000	8 000 (4 000 + 4 000)

En 2014, l'annuité a été normalement comptabilisée donc aucune correction fiscale n'est à effectuer.

En 2015, l'annuité a été différée. Le cumul comptabilisé en 2014 est de 4 000 € alors que le minimum exigé cumulé en mode linéaire est de 8 000 €.

La différence représente donc des amortissements irrégulièrement différés pour 4 000 € (8 000 – 4 000). En conséquence, il faudra effectuer une réintégration fiscale de 4 000 €.

À partir de 2016, les annuités seront normalement comptabilisées ; de ce fait, aucune correction fiscale ne sera à opérer.

À la fin de l'exercice 2018, le cumul des amortissements comptables s'élèvera à 20 000 € ; mais compte tenu de la réintégration fiscale de 4 000 €, les annuités déduites fiscalement n'auront été que de 16 000 €.

2 – Le matériel de levage

Amortissement du matériel de levage (Taux : 10 % x 2,25 = 22,5 %)

Exercices	Amortissements pratiqués			Cumuls des amortissements linéaires minimum
	Base à amortir	Dotations	Cumuls	
31/12/2014	40 000	9 000*	9 000	4 000 (40 000 x 10 %)
31/12/2015	31 000	Aucune	9 000	8 000 (4 000 + 4 000)

* 40 000 x 22,5 %. Notons que pour les biens acquis ou fabriqués à partir du 1er janvier 2010, le coefficient dégressif n'est plus majoré de 0,5 point.

En 2014, l'annuité a été normalement comptabilisée donc aucune correction fiscale n'est à effectuer.

En 2015, l'annuité a été différée. Le cumul comptabilisé en 2015 est de 9 000 € alors que le minimum exigé cumulé en mode linéaire est de 8 000 €.

Le montant minimal d'amortissements obligatoire, calculé en mode linéaire est respecté. En conséquence, l'annuité différée de 6 975 € (31 000 x 22,5 %) représente un amortissement régulièrement différé ; il n'en résulte aucune correction fiscale.

L'annuité régulièrement différée sera comptabilisée sur les exercices suivants.

EXERCICE 28 Détermination d'un composant

Un restaurant a acquis un matériel de filtrage de l'air, le 1er janvier de l'année N, pour un montant de 5 000 € et d'une durée d'utilisation de six ans.

Le matériel de filtrage comprend, notamment :

– un filtre qui devra être changé tous les ans : valeur estimée 400 € ;

– un bloc moteur qui sera remplacé au bout de trois ans : valeur estimée 1 600 €.

- *Peut-on qualifier ces deux éléments de composant selon les critères fiscaux ?*
- *En déduire les conséquences relatives à l'immobilisation et à son amortissement.*

CORRIGÉ

1 – L'identification des composants

Sur le plan fiscal, les éléments principaux d'une immobilisation corporelle sont considérés comme composants s'ils répondent aux ***deux conditions*** suivantes :

– avoir une durée réelle d'utilisation différente de celle de l'immobilisation ;

– faire l'objet d'un remplacement au cours de la durée réelle d'utilisation de l'immobilisation.

Il est à noter que la limite de 500 € pour la comptabilisation en charges des biens de faible valeur s'applique aux composants. En conséquence, un élément ayant une valeur inférieure à 500 € n'est pas, en principe, considéré comme composant. Toutefois, si ce composant figure en nombre dans la structure de l'immobilisation, une entreprise pourra néanmoins le traiter comme un composant.

En outre, le composant doit avoir une valeur significative (estimée à 15 %) par rapport au prix de revient total de l'immobilisation.

Dans le cas présent :

- ***le filtre*** : représente moins de 15 % de la valeur de l'immobilisation (5 000 x 15 % = 750 €) et est inférieur à 500 €. Ces deux critères, non cumulatifs, nous permettent de ne pas identifier le filtre comme un composant ;
- ***le bloc moteur*** : représente 32 % de la valeur de l'immobilisation (1 600 / 5 000 x 100) et est supérieur à 500 € : en conséquence, il est qualifié de composant.

2 – Les conséquences

Du fait de l'identification du bloc moteur comme composant, la valeur globale du matériel, soit 5 000 €, est ventilée de la manière suivante :

- structure : 3 400 € (5 000 – 1 600) ;
- composant bloc moteur : 1 600 €.

Deux plans d'amortissement sont établis pour ce matériel :

- un plan d'amortissement pour la structure, d'une durée d'utilisation de cinq ans ;
- un plan d'amortissement pour le composant, d'une durée d'utilisation de trois ans.

EXERCICE 29 Échange standard

La société anonyme Plexique a acquis un incinérateur de déchets pour 60 000 € hors taxes le 1er janvier N qu'elle décide d'amortir selon le mode linéaire en cinq ans. La société n'a identifié aucun composant significatif.

En janvier N + 2, elle procède à l'échange standard du moteur suite à une panne. Le coût du nouveau moteur s'élève à 9 000 € ; elle estime que la valeur du moteur d'origine était de 7 000 €.

- *Justifier la qualification de l'échange standard du moteur comme composant.*
- *Analyser la situation comptable et fiscale de l'opération selon que la société Plexique est une PME bénéficiant de la mesure de simplification ou non.*

CORRIGÉ

1 – La qualification de composant

Les remplacements d'éléments indispensables au fonctionnement de l'immobilisation doivent être traités comme des composants. Ce nouveau moteur sera donc qualifié de composant même s'il s'agit d'un échange standard : il sera inscrit à l'actif du bilan pour 9 000 €.

Il faudra sortir de l'actif du bilan l'ancien moteur pour sa valeur nette comptable (VNC).

2 – L'analyse comptable et fiscale

a) L'entreprise est une PME

La société est autorisée à considérer que la ***valeur*** du moteur remplacé est égale au coût du nouveau moteur.

La valeur nette comptable de l'ancien moteur est de 5 400 € (9 000 x 20 % x 3). Ce montant sera comptabilisé en ***charge***, fiscalement déductible.

b) L'entreprise n'est pas une PME

La valeur nette comptable de l'ancien moteur est de 4 200 € (7 000 x 20 % x 3). Cette valeur sera comptabilisée en charge, fiscalement déductible.

Autre méthode de calcul :

– calculer les amortissements pratiqués : 2 800 € (7 000 x 20 % x 2)

– puis évaluer la valeur nette comptable : 4 200 € (7 000 – 2 800)

EXERCICE 30 Remplacement d'un composant

L'entreprise Tiberge acquiert, le 1er janvier N, un matériel industriel au prix de 6 400 € qui comprend :

– la structure de 4 700 € : amortissable comptablement, en mode linéaire, sur dix ans ;

– un composant de 1re catégorie de 1 700 € : amortissable en mode linéaire sur cinq ans.

Le 1er janvier N + 4, soit quatre ans après l'acquisition, le composant de 1re catégorie est remplacé par un nouveau composant de 1 900 €. La durée prévue d'utilisation est de quatre ans.

- *Répartir le coût de l'immobilisation dans les sous-comptes concernés.*
- *Calculer les amortissements comptabilisés en N.*
- *Analyser la situation comptable et fiscale lors du remplacement du composant de 1re catégorie.*

CORRIGÉ

1 – La répartition du coût de l'immobilisation

Le coût global du matériel est ***ventilé dans des subdivisions*** du compte principal « 215 Installations techniques, matériels et outillage industriels » :

– « 215..1 Installations techniques, matériels et outillage industriels : Structure » : 4 700 € ;

– « 215..2 Installations techniques, matériels et outillage industriels : Composant de 1re catégorie » : 1 700 €.

2 – Le calcul des amortissements comptabilisés en N

Les annuités sont les suivantes :

– dotations de la structure : 4 700 x 10 % = 470 €

– dotations du composant : 1 700 x 20 % = 340 €

3 – L'analyse comptable et fiscale des composants

Lors du remplacement, la valeur nette comptable du composant d'origine doit être comptabilisée en ***charge***, fiscalement déductible. Son montant est égal à 340 € soit :

Valeur d'origine	–	Amortissements pratiqués
1 700 €		1 360 € (340 x 4)

Le nouveau composant de remplacement est, quant à, lui ***comptabilisé à l'actif du bilan*** pour sa valeur d'acquisition.

EXERCICE 31 Dépréciation d'une immobilisation amortissable

Une machine-outil acquise, par l'entreprise Alouette, le 1er janvier N pour 26 000 € hors taxes, est amortie en mode linéaire sur une durée d'utilisation de dix ans. La durée d'usage fiscale est de huit ans.

Fin N + 3 un test de dépréciation est effectué, il en ressort les informations suivantes :

– valeur vénale nette des coûts de sortie : 11 480 €

– coûts de sortie : 520 €

– valeur d'usage : 10 500 €

■ *Déterminer le montant de la dépréciation à comptabiliser.*

■ *Préciser son sort fiscal.*

CORRIGÉ

1 – Le calcul du montant de la dépréciation comptable

La dépréciation est égale à la différence entre la valeur nette comptable et la valeur actuelle sachant que cette dernière doit être la plus élevée de la valeur vénale ou de la valeur d'usage :

– valeur nette comptable de la machine-outil fin N + 3 avant la dépréciation :

26 000 – (26 000 x 10 % x 4) = 15 600 €

– valeur actuelle : valeur la plus élevée entre la valeur vénale nette des coûts de sortie et la valeur d'usage, donc :

Valeur actuelle = 11 480 €

– dépréciation : la dépréciation est égale à :

15 600 – 11 480 = 4 120 €

2 – Le sort fiscal de la dépréciation

Du point de vue fiscal, on distingue ***trois divergences*** avec les règles comptables :

– la base de calcul de la dépréciation doit être la valeur nette fiscale qui tient compte des amortissements dérogatoires ;

– la valeur d'usage n'est pas admise fiscalement pour déterminer la dépréciation ;

– la dépréciation doit être appréciée en fonction uniquement de la valeur vénale avant déduction des coûts de sortie.

a) Calcul de la valeur nette fiscale

– annuité d'amortissement fiscale déductible :

Dotation fiscale	=	Dotation comptable	+	Dotation dérogatoire
26 000 x 12,5 %	=	26 000 x 10 %	+	(3 250 – 2 600)
3 250	=	2 600	+	650

– valeur nette fiscale de la machine-outil :

26 000 – (3 250 x 4) = 13 000 €

b) Calcul de la dépréciation fiscale

Valeur actuelle = Valeur vénale avant déduction des coûts de sortie,

soit :

11 480 + 520 = 12 000 €

La dépréciation est égale à :

Valeur nette fiscale – Valeur actuelle avant déduction des coûts de sortie,

soit :

13 000 – 12 000 = 1 000 €

c) Retraitement fiscal

La dépréciation comptabilisée est de 4 120 €. ***La dépréciation fiscalement déductible*** est de 1 000 € ; en conséquence, l'entreprise doit procéder à une réintégration de 3 120 €.

EXERCICE 32 Provisions pour hausse des prix

La société Yuca a dressé un tableau récapitulatif des prix unitaires de ses matières premières à l'inventaire des trois derniers exercices :

Matières premières	Prix unitaire			Quantité	Dotations au 31 décembre N – 1
	Au 31 décembre N – 2	Au 31 décembre N – 1	Au 31 décembre N		
Daria	*270*	*297*	*342*	*22 500*	*900 000*
Ida	*94*	*90*	*108*	*2 700*	*19 800*
Gola	*450*	*540*	*522*	*2 250*	*72 000*
Naska	—	*72*	*81*	*450*	—

■ *Déterminer le montant des dotations aux provisions pour hausse des prix déductible fiscalement pour l'exercice N.*

CORRIGÉ

1 – La matière *Daria*

On constate une ***hausse*** des prix régulière sur N – 1 et N ; en conséquence, la provision maximale de N est calculée à partir de la valeur unitaire de N – 2. La dotation N doit être minorée de la dotation N – 1.

Provision N : 22 500 x (342 – 110 % x 270)	1 012 500
Provision N – 1 :	– 900 000
Dotation	= 112 500

2 – La matière *Ida*

La valeur unitaire de N – 1 étant inférieure à la valeur unitaire de N – 2, l'augmentation ne porte que sur un exercice. En conséquence, la provision maximale de N est calculée à partir de la valeur unitaire de N – 1. La provision étant calculée à partir de la valeur unitaire de l'année précédente, il n'y a pas lieu de minorer la provision N du montant de la dotation N – 1.

Provision à doter en N :

2 700 x (108 – 110 % x 90) = 24 300 €

3 – La matière *Gola*

La valeur unitaire de N – 1 étant supérieure à la valeur unitaire de N – 2, la provision maximale de N est calculée à partir de la valeur unitaire de N – 2. La dotation N – 1 doit être retranchée.

Provision à doter en N :

[2 250 x (522 – 110 % x 450)] – 72 000 = – 11 250 €

Le montant étant négatif, aucune provision n'est à doter. Il convient de ne pas reprendre la provision N – 1.

4 – La matière *Naska*

La valeur unitaire de N étant supérieure à la valeur unitaire de N – 1, la provision maximale de N est calculée à partir de la valeur unitaire de N – 1 puisqu'aucun stock n'existe en N – 2.

Provision à doter en N :

450 x (81 – 110 % x 72) = 810 €

5 – Le montant global de la provision pour hausse des prix en N

Matière *Daria* :	112 500
Matière *Ida* :	24 300
Matière *Gola* :	0
Matière *Naska* :	810
	= 137 610 €

La société Yuka peut déduire une charge de 137 610 € au titre des dotations aux provisions pour hausse des prix.

Exercice 33 Déductibilité des dépréciations et des provisions

Le service comptable de la SARL Briand, spécialisée dans la fabrication de cartonnages, a notamment comptabilisé à la clôture de l'exercice N les opérations suivantes :

A : une provision destinée à prendre en compte le risque fréquent d'inondation de l'entrepôt.

B : une dépréciation des stocks de marchandises évaluée statistiquement.

C : une provision pour faire face aux versements d'indemnités de départ à la retraite de salariés.

D : une dépréciation relative à des clients ayant fait l'objet d'une procédure contentieuse de recouvrement.

E : une dépréciation pour des clients ayant déjà 60 jours de retard de paiement ; aucune procédure de recouvrement n'a été engagée.

F : à la suite d'un contrôle fiscal, une provision a été dotée pour prendre en compte un redressement probable de l'impôt sur les sociétés.

G : une provision pour litige concernant le licenciement d'un salarié. La société risque de verser des dommages et intérêts.

H : la société a décidé le 15 novembre la délocalisation de son unité de production. Le plan de restructuration entraîne les dépenses suivantes :

- *indemnités versées au personnel pour licenciement ;*
- *coût de remise en état des locaux pour lesquels le bail est résilié ;*
- *coût du déménagement des actifs transférés sur les autres activités de la société ;*
- *dépenses de marketing ;*
- *indemnités de rupture de contrat versées aux fournisseurs.*

Une provision pour restructuration a été constituée pour l'ensemble de ces dépenses.

I : une provision pour gros entretien ou grandes révisions relative à des travaux de révision d'une machine-outil, pour des raisons de sécurité, programmés tous les trois ans.

- *Analyser le régime fiscal des opérations pour la détermination du résultat fiscal.*
- *Indiquer pour l'opération **I** quel autre choix aurait pu faire la SARL Briand ; en déduire les conséquences fiscales.*

CORRIGÉ

1 – Le régime fiscal des différentes opérations

A – Le risque d'inondation : la provision n'est pas déductible fiscalement car aucun événement en cours, à la clôture, ne justifie la perte probable. Il convient donc de la réintégrer.

B – Les stocks de marchandises : la dépréciation est déductible et peut faire l'objet d'une évaluation statistique (annexe III du CGI).

C – La provision pour retraite du personnel : conformément à l'article 39-1-5 du Code général des impôts, cette provision n'est pas déductible. Il faut la réintégrer.

D – La créance douteuse : la procédure contentieuse ayant été engagée, la dépréciation est déductible fiscalement.

E – Les clients qui ont 60 jours de retard de paiement : la dépréciation n'est pas déductible car aucune procédure n'a été engagée. Un simple retard de paiement ne peut justifier la déductibilité d'une dépréciation. Il convient donc de la réintégrer.

F – La provision n'est pas déductible car elle porte sur un impôt non déductible. Il convient donc de réintégrer la provision.

G – La provision pour litige : la provision pour risques relative à un litige est déductible.

H – La provision pour restructuration ne peut inclure que les dépenses nécessairement entrainées par les opérations de réorganisation et qui ne sont pas liées aux activités futures.
En conséquence, la provision est constituée uniquement :

- des indemnités de licenciement versées ;
- du coût de remise en l'état des locaux ;
- des indemnités versées aux fournisseurs pour rupture de contrat.

Il convient donc de réintégrer le coût du déménagement des actifs et les dépenses de marketing.

I – Les programmes pluriannuels de travaux de révision pour des raisons de sécurité peuvent faire l'objet d'une provision pour gros entretien ou grandes révisions.
Le comptable a constitué en N une provision d'un tiers du montant des travaux, déductible fiscalement. Il devra en N + 1 et en N + 2 doter le même montant de provision. Elles seront reprises lors de la réalisation des travaux.

2 – Le cas de l'opération *I*

La société aurait pû, ***sur option***, considérer ces travaux comme un composant de 2e catégorie de l'immobilisation principale. Dans ce cas, le traitement comptable aurait été le suivant :

- comptabilisation du montant des travaux en immobilisation (composant 2e catégorie) ;
- comptabilisation des amortissements du composant de 2e catégorie selon son propre plan d'amortissement sur trois ans.

Les composants de 2e catégorie ne sont pas reconnus sur le plan fiscal et ne peuvent bénéficier de leur propre plan d'amortissement. En conséquence, ils doivent obligatoirement suivre le plan établi pour la structure d'après sa durée d'utilisation.

Dans ce cas, l'entreprise aurait dû réintégrer chaque année de N à N + 2 la différence entre l'annuité comptable et l'amortissement fiscal.

EXERCICE 34 Synthèse sur la déductibilité des charges d'une entreprise individuelle soumise à l'impôt sur le revenu

M. Blovet est exploitant d'une faïencerie, entreprise individuelle, qu'il a créée en N – 7. L'exercice comptable coïncide avec l'année civile et le régime de l'entreprise est celui du réel normal. L'entreprise a réalisé un chiffre d'affaires hors taxes de 2 320 000 € et un bénéfice comptable de 83 100 €. Elle n'a pas adhéré à un centre de gestion agréé.

L'épouse de M. Blovet occupe le poste de dessinatrice au sein de l'entreprise. Les époux Blovet sont mariés sous un régime de communauté de biens.

Les éléments suivants, dont les sommes sont exprimées pour leur valeur hors taxes, ont été comptabilisés en charges au cours de l'exercice N :

A : des pots de peinture pour 7 600 € sont livrés à l'entreprise le 19 décembre N. La facture correspondante sera reçue courant janvier

B : achat d'un moule le 27 décembre N pour 350 €

C : paiement de la taxe d'apprentissage avec deux mois de retard : 2 600 €

D : paiement des intérêts de retard relatifs à la taxe d'apprentissage : 16 €

E : rémunération annuelle de monsieur Blovet : 28 800 €

F : le salaire annuel versé à Mme Blovet est de 22 000 € pour l'année N. Les cotisations sociales se sont élevées à 9 000 €

G : un contrat d'assurance homme-clé a été souscrit au profit de l'entreprise. Il garantit les pertes d'exploitation liées au décès de M. Kéradec, directeur commercial. La prime annuelle pour l'exercice N s'élève à 1 400 €

H : un contrat d'assurance homme-clé a été souscrit au profit de l'entreprise. Il est destiné à garantir les pertes d'exploitation liées au décès de M. Blovet. Montant de la prime annuelle pour l'exercice N : 2 300 €

I : une amende de 150 € pour excès de vitesse, dressée à M. Kéradec, a été enregistrée en charges exceptionnelles

J : des dons ont été versés par l'entreprise pour un montant de 1 100 € aux œuvres sociales du personnel

K : l'entreprise a sponsorisé la fête de l'école d'arts plastiques du département ; elle a fourni à cet effet des tee-shirts portant le nom et le logo de l'entreprise : 1 200 €

L : la prime d'assurance incendie concernant les locaux professionnels s'élève à 890 €

M : l'entreprise a souscrit une assurance décès exigée par la banque, dans le cadre d'un emprunt bancaire ; le montant de la prime est de 450 €

N : paiement de l'impôt sur le revenu du couple Blovet : 8 500 €

O : paiement pour les époux Blovet d'un séjour de thalassothérapie à Quiberon : 3 700 €

P : une dotation aux amortissements de 10 000 € a été enregistrée en comptabilité concernant une résidence de 300 m² inscrite au bilan. Cette résidence sert de local d'habitation à M. Blovet

Q : acquisition le 1er juillet N d'un véhicule de tourisme d'une valeur de 25 000 € pour les besoins de l'entreprise. Le véhicule est amorti sur 5 ans en mode linéaire. Il émet 150 g de CO_2 par kilomètre

- *Procéder à l'analyse fiscale des charges.*
- *Calculer le résultat fiscal au 31 décembre N.*

CORRIGÉ

1 – L'analyse fiscale des charges

A – La livraison de matières premières entraîne le transfert de propriété à l'entreprise. De plus, on considère que le comptable a passé une écriture de charge à payer de façon à rattacher l'achat à l'exercice N. De ce fait, l'achat est une charge déduite du résultat comptable et fiscalement déductible.

B – Achat d'un moule de 350 € : il s'agit d'un matériel inférieur à 500 € hors taxes qui peut être comptabilisé en charges. Aucun retraitement n'est à effectuer.

C – Taxe d'apprentissage : il s'agit du paiement d'un impôt déductible.

D – Intérêts de retard : les pénalités d'assiette ou de recouvrement ne sont pas déductibles même si elles concernent un impôt déductible. Il faut réintégrer 16 €.

E – La rémunération de 28 800 € de l'exploitant individuel est non déductible. Elle doit donc être réintégrée.

F – La déductibilité de la rémunération de Mme Blovet est fiscalement limitée à 13 800 € car les époux Blovet sont mariés sous un régime de communauté et l'entreprise n'a pas adhéré à un centre de gestion agréé. Il faut réintégrer 8 200 € (22 000 – 13 800).

Les charges sociales sont déductibles en totalité et ne nécessitent aucune régularisation.

G – M. Kéradec peut être considéré comme un *homme-clé* (personne jouant un rôle déterminant) ; les primes payées sont donc déductibles.

H – M. Blovet, en tant que chef d'une entreprise individuelle, ne peut être considéré comme un *homme-clé* ; la prime de 2 300 € est non déductible et doit être réintégrée.

I – L'amende pour contravention au Code de la route n'est pas déductible. Il faut la réintégrer pour 150 €.

J – Dons aux œuvres sociales : il s'agit de dépenses réalisées dans l'intérêt du personnel (œuvre sociale). Elles sont normalement déductibles.

K – Sponsorisation de la fête de l'école d'arts plastiques : les dépenses engagées à caractère culturel destinées à améliorer l'image de marque de l'entreprise sont déductibles si l'identité de l'entreprise apparaît clairement dans le cadre de la manifestation. En l'espèce, les dépenses sont déductibles dans la mesure où le nom et le logo de l'entreprise apparaissent clairement sur les tee-shirts.

L – Assurance incendie : il s'agit d'une assurance destinée à garantir un élément d'actif. Elle est déductible.

M – Assurance décès : il s'agit d'une assurance décès souscrite à la demande de l'organisme de crédit et destinée à garantir un emprunt bancaire. La prime est déductible.

N – Paiement de l'impôt sur le revenu : il s'agit d'un impôt personnel qui n'aurait pas dû être comptabilisé en charges par l'entreprise. En conséquence, cette charge est non déductible ; il convient de la réintégrer.

O – Paiement d'un séjour : les dépenses de 3 700 € n'ont pas été engagées dans l'intérêt de l'entreprise. Elles sont donc non déductibles et doivent être réintégrées.

P – Pour les exercices ouverts depuis le 1er janvier 2012, dans les entreprises individuelles, les charges (dont les amortissements) générées par des biens inscrits au bilan qui ne sont pas nécessaires ni utilisés pour l'activité professionnelle ne sont plus déductibles. Il convient donc de réintégrer la dotation aux amortissements de 10 000 €.

Q – Pour les véhicules de tourisme qui émettent moins de 200 g de CO_2 par kilomètre, la déductibilité des amortissements est limitée globalement à 18 300 €. Pour l'exercice N, il y a lieu de réintégrer une quote-part des dotations aux amortissements égale à :

(25 000 – 18 300) 20 % x 6/12 = 670 €

2 – Le calcul du résultat fiscal

Bénéfice comptable : 83 100

Réintégrations : + 62 336 (16 + 28 800 + 8 200 + 2 300 + 150 + 8 500 + 3 700 + 10 000 + 670)

Bénéfice fiscal = 145 436 €

EXERCICE 35 Synthèse sur la déductibilité des charges d'une société

Mme Lebis, gérante majoritaire, a créé avec sa sœur la SARL Jou'É au capital de 80 000 €, partiellement libéré, spécialisée dans la vente de jeux et de jouets.

Le bénéfice comptable est de 127 000 €. Les opérations comptables ont été correctement enregistrées. LA SARL clôture ses comptes au 31 décembre.

Le chiffre d'affaires hors taxes de l'année N s'est élevé à 872 000 €.

Afin de préparer la déclaration fiscale, les éléments suivants vous sont fournis :

A : Mme Lebis a perçu une rémunération de 44 000 € comptabilisée dans une subdivision du compte « 64 Charges de personnel » ; les cotisations sociales obligatoires s'élèvent à 11 000 €.

B : M. Lebis, son époux (mariés sous le régime matrimonial de la séparation de biens), est salarié de la société ; il exerce la fonction de directeur des achats et sa rémunération annuelle est de 29 000 € ; les charges sociales afférentes sont de 14 000 €.

C : la taxe sur les véhicules de sociétés a été comptabilisée en charges pour 2 230 €.

D : la société a acquis pour 3 000 € de valeurs mobilières de placement en mars N ; leur valeur d'inventaire est de 2 250 €.

E : le 18 décembre N, la société a effectué un achat de marchandises en Thaïlande d'une valeur de 289 168 THB auprès d'un fournisseur (1 euro = 46,640 THB) comptabilisé pour 6 200 €. Le 31 décembre N, le cours est de : 1 euro = 42,751 THB.

F : 1 000 € ont été versés à l'association Médecins sans frontières.

G : un séminaire de travail, afin de mettre au point la politique d'importation de la société, a coûté 600 €.

H : des intérêts, au taux de 7,5 %, pour un montant de 2 100 € ont été versés en rémunération d'une somme de 32 000 € laissée en compte courant (par hypothèse, le TMPV est de 4 %).

I : 280 € de majoration ont été comptabilisés pour retard de paiement aux caisses de la Sécurité sociale.

J : en décembre, une chasse en Sologne a été organisée pour les clients les plus importants ; son coût s'est élevé à 1 700 €.

■ *Déterminer le résultat fiscal dans les deux hypothèses suivantes :*

- *Mme Lebis n'a formulé aucune option pour l'imposition des résultats ;*
- *Mme Lebis a opté pour une imposition à l'impôt sur le revenu dans la catégorie des BIC.*

CORRIGÉ

La SARL Jou'É a été constituée entre deux sœurs ; il s'agit donc d'une SARL de famille dont les bénéfices sont assujettis à l'impôt sur les sociétés (régime de droit commun). Toutefois, elle peut opter pour le régime fiscal des sociétés de personnes.

1 – Première hypothèse : la SARL est soumise à l'impôt sur les sociétés

Opérations	SARL soumise à l'IS	
	Réintégrations	Déductions
A – Rémunération de madame Lebis : elle est gérante majoritaire ; la rémunération est une charge déductible, ainsi que les cotisations sociales y afférentes.		
B – Rémunération de monsieur Lebis : la rémunération est déductible, quel que soit le régime matrimonial, ainsi que les charges sociales y afférentes.		
C – La taxe sur les véhicules de sociétés est une charge non déductible.	2 230	
D – La dotation de la dépréciation des valeurs mobilières de placement de (3 000 – 2 250) = 750 € est une charge déductible.		
E – Dettes en monnaie étrangère : au 31 décembre N, la comptabilité doit prendre en compte les écarts de conversion dus à l'évolution du cours des devises. La dette en euros est évaluée à (289 168 / 42,751) = 6 764 € ; elle a été comptabilisée pour 6 200 €. Il convient de comptabiliser un écart de conversion actif de (6 764 – 6 200) = 564 €. Les écarts de conversion sont inscrits au bilan et n'ont aucune incidence sur le résultat comptable. L'écart de conversion actif de 564 € constitue une perte latente de change ; il doit être déduit extra-comptablement du résultat fiscal.		564
Notons qu'une provision pour pertes de change concernant la dette en THB a dû être constatée pour 564 € ; celle-ci est non déductible et doit être réintégrée.	564	
F – Les dons effectués au titre du mécénat ne sont pas déductibles. Ils ouvrent droit à une réduction d'impôt de 60 % des versements limitée à 5 ‰ du chiffre d'affaires*.	1 000	
G – Les frais de séminaire ont été engagés dans l'intérêt de l'entreprise ; ils sont donc déductibles.		

* Réduction d'impôt : (1 000 x 60 %) = 600 € ; la limite de 5 ‰ du CA n'est pas atteinte : (572 000 x 5 ‰) = 2 860 €

Opérations	SARL soumise à l'IS	
	Réintégrations	Déductions
H – Les intérêts des comptes courants sont non déductibles dans la mesure où le capital social n'est pas entièrement libéré.	2 100	
I – L'ensemble des sanctions pécuniaires et des pénalités de toute nature supportées par des contrevenants à des obligations légales sont non déductibles. Dès lors, les pénalités d'assiette et de recouvrement versées à la Sécurité sociale sont une charge non déductible.	280	
J – Les dépenses de chasse sont considérées comme des dépenses somptuaires ; il convient donc de les réintégrer.	1 700	
Total	7 874	564

Bénéfice comptable : 127 000
+ Réintégrations : 7 874
– Déductions : 564
= Résultat fiscal : 134 310 €

2 – Deuxième hypothèse : madame Lebis a opté pour une imposition aux BIC

Opérations	SARL soumise aux BIC	
	Réintégrations	Déductions
A – Rémunération de Mme Lebis : il s'agit d'une avance sur bénéfice ; en conséquence, la rémunération est une charge non déductible, il faut la réintégrer. Les cotisations sociales obligatoires sont des charges déductibles.	44 000	
B – Rémunération de M. Lebis : la rémunération, non excessive, est déductible car les époux sont mariés selon le régime de la séparation de biens. Les charges sociales obligatoires sont des charges déductibles.		
C – La taxe sur les véhicules de sociétés est une charge déductible.		
D – La dotation de la dépréciation des valeurs mobilières de placement de (3 000 – 2 250) = 750 € est à réintégrer (régime des plus ou moins-values).	750	

Opérations	SARL soumise aux BIC	
	Réintégrations	Déductions
E – Dettes en monnaie étrangère : au 31 décembre N, la comptabilité doit prendre en compte les écarts de conversion dus à l'évolution du cours des devises. La dette en euros est évaluée à (289 168 / 42,751) = 6 764 € ; elle a été comptabilisée pour 6 200 €. Il convient donc de comptabiliser un écart de conversion actif de (6 764 – 6 200) = 564 € Les écarts de conversion sont inscrits au bilan et n'ont aucune incidence sur le résultat comptable. L'écart de conversion actif de 564 € constitue une perte latente de change ; il doit être déduit extra-comptablement du résultat fiscal.		564
Notons qu'une provision pour pertes de change concernant la dette en THB a dû être constatée pour 564 € ; celle-ci est non déductible et doit être réintégrée.	564	
F – Les dons effectués au titre du mécénat ne sont pas déductibles. Ils ouvrent droit à une réduction d'impôt de 60 % des versements limitée à 5 ‰ du chiffre d'affaires*.	1 000	
G – Les frais de séminaire ont été engagés dans l'intérêt de l'entreprise ; ils sont donc déductibles.		
H – Les intérêts des comptes courants sont non déductibles dans la mesure où le capital social n'est pas entièrement libéré.	2 100	
I – L'ensemble des sanctions pécuniaires et des pénalités de toute nature supportées par des contrevenants à des obligations légales sont non déductibles. Dès lors, les pénalités d'assiette et de recouvrement versées à la Sécurité sociale sont une charge non déductible.	280	
J – Les dépenses de chasse sont considérées comme des dépenses somptuaires ; il convient donc de les réintégrer.	1 700	
Total	50 394	564

* Réduction d'impôt : (1 000 x 60 %) = 600 € ; la limite de 5 ‰ du CA n'est pas atteinte : (572 000 x 5 ‰) = 2 860 €

Bénéfice comptable : 127 000
+ Réintégrations : 50 394
– Déductions : 564
= Résultat fiscal : 176 830 €

THÈME 7

L'imposition des produits

EXERCICE 36 Dividendes perçus des filiales

La société anonyme Japan a réalisé au titre de N un résultat comptable provisoire avant impôt de 100 000 €. Elle est soumise au taux normal d'impôt sur les sociétés.

La société détient à son actif le portefeuille de titres décrit dans le tableau ci-dessous :

Dénomination	% détention titres	Dividendes perçus en 2014	Remarques
Société Pareix (française)	*5*	*8 000*	*Les titres ont été souscrits il y a un an lors d'une augmentation de capital.*
Société Mutix (finlandaise)	*15*	*24 000*	*Ces dividendes donnent droit dans le cadre des conventions internationales à un crédit d'impôt de 15 %. Les titres ont été acquis il y a quatre ans.*
Société Santox (française)	*4*	*18 000*	*Les titres ont été acquis il y a trois ans.*
Société Ginex (française)	*10*	*11 000*	*Les titres ont été acquis il y a quatre ans.*
Société Paridix (française)	*6*	*15 000*	*Les titres ont été acquis il y a deux mois.*

- *Indiquer pour quels titres, la société anonyme Japan peut opter pour le régime des sociétés-mères / filiales.*

- ***Mesurer l'incidence fiscale d'une option pour le régime des sociétés-mères / filiales. On considère que l'option est exercée à chaque fois qu'elle est possible. On précise par ailleurs que le total des charges non déductibles de la période s'élève à 80 000 € et qu'il n'y a pas de produits non imposables.***

CORRIGÉ

1 – Les titres pour lesquels la société anonyme Japan peut opter pour le régime des sociétés-mères / filiales

L'option pour le régime des sociétés-mères / filiales n'est possible que sous certaines conditions :

- la société-mère doit tout d'abord être soumise à l'impôt sur les sociétés, de plein droit ou sur option. C'est le cas ici car la société-mère est une société anonyme ; cette condition est donc remplie ;
- la participation dans le capital de la filiale doit être au moins de 5 %. Ce n'est pas le cas des titres de la société Santox. L'option ne peut donc pas être exercée pour les titres de cette société ;
- enfin, les titres donnant droit à la qualité de société-mère (soit une participation minimum de 5 %) doivent être conservés au moins deux ans. Cette condition est donc remplie pour tous les titres de la SA Japan y compris pour les titres de la société Paridix.

La nationalité de la filiale n'a aucune incidence sur l'option possible.

Au total, seuls les titres Pareix, Mutix, Ginex et Paridix remplissent toutes les conditions. L'option est donc envisageable pour ces seuls titres. Le montant des dividendes non imposables s'élève à :

Notons que pour ***les exercices ouverts à compter du 1er janvier 2015***, le régime des *Sociétés-mères / Filiales* ne s'applique pas aux dividendes déductibles du résultat de la filiale.

2 – L'incidence fiscale d'une option pour le régime sociétés-mères / filiales

Les sociétés qui optent pour le régime spécial des sociétés-mères / filiales ne sont pas imposables sur les dividendes perçus sur leurs filiales. Ceux-ci constituent donc des produits non imposables, à déduire extracomptablement du résultat fiscal. Mais elles sont imposées sur une quote-part de frais et charges, évaluée forfaitairement à 5 % des dividendes perçus et crédits d'impôts correspondants, somme à réintégrer extracomptablement.

Afin de mesurer l'incidence fiscale de l'option pour le régime des sociétés-mères / filiales, il faut calculer l'impôt sur les sociétés sans option puis l'impôt sur les sociétés en exerçant l'option.

a) Impôt sur les sociétés à payer sans l'option pour le régime société-mère / filiale

Éléments de calcul de l'IS	Montant
Résultat comptable	100 000
Réintégration des charges non déductibles	+ 80 000
Résultat fiscal	180 000
IS brut (180 000 x 33,33 %)	60 000
Crédit d'impôt (24 000 x 15 %) x 66,66 %	– 2 400
IS à payer	**= 57 600**

Aucune option n'est exercée, les dividendes sont donc des produits normalement imposables. Le crédit d'impôt perçu sera partiellement déductible de l'impôt sur les sociétés à payer (à hauteur du montant net d'impôt sur les sociétés), soit :

3 600 x 66,66 %.

b) Impôt sur les sociétés à payer avec l'option pour le régime société-mère / filiale

Éléments de calcul de l'IS	Montant
Résultat comptable	100 000
Réintégration des charges non déductibles	+ 80 000
Déduction des dividendes non imposables	– 58 000
Réintégration quote-part : 5 % (58 000 + 3 600)	+ 3 080
Résultat fiscal	125 080
IS à payer : 125 080 x 33 1/3 %	**= 41 693**

La quote-part à réintégrer est égale à 5 % des dividendes perçus et crédits d'impôts associés des filiales pour lesquelles l'option est exercée, soit :

5 % x (8 000 + 24 000 + 11 000 + 15 000 + 3 600)

Les crédits d'impôts correspondants aux dividendes pour lesquels l'option est exercée ne doivent pas s'imputer sur l'impôt sur les sociétés à payer car ils correspondent à des produits non imposables. Notons que si la société anonyme Japan exerce l'option pour le régime société-mère / filiale à chaque fois que cela est possible, elle réalise une économie d'impôt substantielle sur les sociétés.

EXERCICE 37 Gains et pertes de change latents

La société anonyme Gibraltar est spécialisée dans la commercialisation de puces électroniques. Elle réalise une part importante de son chiffre d'affaires à l'international. Son exercice comptable coïncide avec l'année civile.

Le 12 décembre N, elle vend à un client américain 40 000 $ de puces. Les marchandises sont livrées et la facture est établie le jour même. Le règlement est prévu au 5 janvier N + 1.

Le 17 décembre N, elle achète à un fournisseur américain des composants pour 10 000 $. Le règlement est prévu pour mi-janvier N + 1.

Cours du change :

Date	Change EUR / USD
12 décembre N	*1,2732*
17 décembre N	*1,2735*
31 décembre N	*1,2638*
5 janvier N + 1	*1,2750*

■ *Déterminer les incidences comptables et fiscales de ces variations de change au 31 décembre N et au 5 janvier N + 1. En cas de perte latente de change, l'entreprise constatera une provision pour risque de perte de change.*

CORRIGÉ

1 – Les incidences comptables et fiscales des variations de change au 31 décembre N

a) Incidences comptables

Au 12 décembre N, le cours du dollar était le suivant : 1 € = 1,2732 $. La vente doit être enregistrée le 12 décembre et la créance doit être valorisée en tenant compte du cours du dollar à ce jour, soit :

40 000 / 1,2732 = 31 416,90 €

Au 17 décembre N, l'achat doit être enregistré et la dette doit être valorisée en tenant compte du cours du dollar à ce jour, soit :

10 000 / 1,2735 = 7 852,38 €

Au 31 décembre N, le client américain n'a toujours pas procédé au règlement de la facture. Comptablement, il faut tenir compte des variations de change ayant eu lieu entre le jour de la vente et la clôture de l'exercice. Le cours du dollar ayant augmenté, la SA Gibraltar constate, pour cette transaction, ***un gain latent de change*** qu'il convient d'enregistrer sur le plan comptable au crédit du compte « 477 Écart de conversion passif », pour un montant de :

(40 000/1,2638) – 31 416,90 = 233,68 €

La SA Gibraltar subit en même temps ***une perte latente de change*** concernant sa dette vis-à-vis du fournisseur américain qu'il convient de comptabiliser au débit du compte « 476 – Écart de conversion actif », pour un montant de :

(10 000/1,2638) – 7 852,38 = 60,26 €

On suppose que l'entreprise a enregistré une dotation aux provisions pour risques de perte de change d'un même montant.

b) Incidences fiscales

Sur le plan fiscal, ***les gains latents de change sont imposables*** ; ils doivent donc être réintégrés extra-comptablement pour le calcul du résultat fiscal de N, soit : 233,68 € à réintégrer.

Les pertes latentes de change sont déductibles ; elles doivent donc être déduites extra-comptablement du résultat fiscal de N, soit : 60,26 € à déduire. Mais la dotation aux provisions faisant double emploi avec la perte latente, celle-ci devra faire l'objet d'une réintégration fiscale.

2 – Les incidences comptables et fiscales des variations de change au 5 janvier N + 1

Au 1er janvier N + 1, les écritures enregistrées par le comptable pour constater le gain latent et la perte latente de change doivent être ***contre-passées***.

Au 5 janvier N + 1, le cours du dollar a diminué. Le client américain procède au règlement pour un montant de :

(40 000/1,2750) = 31 372,55 €

L'entreprise a donc subi une perte de change effective de :

(31 416,90 – 31 372,55) = 44,35 €

Cette perte doit être enregistrée en ***charge financière***. Elle sera normalement déductible du résultat fiscal de N + 1. Par contre, l'écart de conversion actif (perte latente) de l'exercice précédent, d'un montant de 60,26 €, devra être réintégré au résultat fiscal de N + 1. Le cours du dollar mi-janvier n'est pas communiqué, le dénouement de la transaction d'achat n'a pas à être traité.

EXERCICE 38 Imposition des produits dans une société de personnes

La société en nom collectif Filius a enregistré au 31 décembre N un résultat comptable avant impôt de 56 000 €.

A - La SNC a constaté un gain latent de change (par un écart de conversion passif) relatif à la dette qu'elle a vis-à-vis de son fournisseur suédois pour 400 €

B - La SNC est membre d'un groupement de commerçants indépendants. Ce groupement finance les infrastructures immobilières dont ses membres ont besoin par l'intermédiaire d'une SCI, dont les parts sont souscrites par les membres du groupe. La SCI loue les immeubles nus au groupement. Cette SCI relève du régime fiscal des sociétés de personnes et la SNC Filius en détient 500 parts (sur 2 000). Pour l'année N, le bénéfice fiscal de la SCI est de 50 000 €. Aucune distribution de bénéfice n'a été réalisée au cours de l'année

C - La SNC a perçu des intérêts de 2 000 € pour un emprunt obligataire qu'elle a souscrit il y a deux ans

D - La SNC a perçu des dividendes d'une filiale à hauteur de 5 000 €

E - La SNC a constaté une plus-value à long terme de 8 000 € relative à la cession d'un terrain

- *Analyser les conséquences fiscales de ces opérations et le retraitement fiscal éventuel à opérer.*
- *Déterminer le résultat fiscal à partir de ces seules informations.*

CORRIGÉ

1 – Les conséquences et le retraitement fiscal des opérations

Opération	Explication	Déduction	Réintégration
A - Gain de change latent	Les gains de change latents sont imposables et doivent donc être réintégrés. Les règles sont identiques pour les sociétés soumises à l'IS et pour celles soumises à l'IR dans le cadre du régime des BIC.		400

Opération	Explication	Déduction	Réintégration
B - Bénéfice d'une société de personnes	La SNC doit incorporer à son résultat fiscal, sa part de résultat fiscal réalisé par la société de personnes, soit : 25 % de 50 000 €		12 500
C - Produits de titres à revenus fixes	Ces intérêts sont à déduire du résultat comptable car ils doivent être imposés dans la catégorie des revenus mobiliers.	2 000	
D - Dividendes d'une filiale	Ces produits sont à déduire du résultat comptable car ils doivent être imposés dans la catégorie des revenus mobiliers.	5 000	
E - Plus-value à long terme	Cette plus-value est à déduire du résultat comptable car elle relève du régime des plus-values professionnelles	8 000	

2 – Le résultat fiscal

Le résultat fiscal de la société en nom collectif Filius est donc de :

56 000 – 15 000 + 12 900 = 53 900 €

THÈME 8

Le régime des plus ou moins-values professionnelles

EXERCICE 39 Plus ou moins-values et leur régime d'imposition

La SNC Ventou, entreprise commerciale, a réalisé au 30 septembre N, un résultat comptable avant impôt de 100 000 €. Son chiffre d'affaires hors taxes est de 430 000 €.

Il apparaît que :

- *la SNC a vendu un terrain 20 000 €, qui avait été acheté il y a 10 ans 8 000 € ;*
- *elle a cédé un bâtiment 65 000 €, acheté il y a 20 ans pour un montant de 100 000 € et amorti pour 70 000 € ;*
- *elle a vendu une machine 19 000 €. Cette machine a été achetée il y a 2 ans et demi pour 20 000 € ; elle est amortie pour 3 500 € ;*
- *elle a cédé des titres de participation pour 25 000 € ; ces titres avaient été acquis il y a 3 ans 17 000 € ;*
- *enfin, elle a cédé un brevet 15 000 €. Ce brevet, acquis il y a 5 ans pour 15 000 €, est totalement amorti.*

■ *Dans l'hypothèse où la SNC Ventou est soumise à l'impôt sur le revenu :*

- *calculer et qualifier les plus et moins-values dégagées en N par celle-ci ;*
- *déterminer la plus ou moins-value nette à déclarer au titre de l'exercice N et l'impôt correspondant.*

■ *Dans l'hypothèse où la SNC Ventou est soumise à l'impôt sur les sociétés :*

- *calculer et qualifier les plus et moins-values dégagées en N par celle-ci ;*
- *déterminer la plus ou moins-value nette à déclarer au titre de l'exercice N et l'impôt correspondant.*

CORRIGÉ

1 – Hypothèse où la SNC Ventou est soumise à l'impôt sur le revenu

a) Calcul et qualification des plus et moins-values dégagées en N

Dans la mesure où la SNC réalise un chiffre d'affaires hors taxes supérieur à 350 000 €, elle ne peut pas bénéficier du régime d'exonération de l'impôt sur les plus-values professionnelles.

La qualification d'une plus ou moins-value dépend de la durée de détention de l'élément de l'actif et de sa nature.

Les résultats sont présentés dans le tableau ci-dessous :

<table>
<tr><th>Élément</th><th>Valeur d'origine</th><th>Amortissements</th><th>Valeur résiduelle</th><th>Prix de vente</th><th>Résultat</th><th>PV ou MV à CT</th><th>PV ou MV à LT</th></tr>
<tr><td>Terrain</td><td>8 000</td><td>—</td><td>8 000</td><td>20 000</td><td>12 000</td><td>—</td><td>12 000</td></tr>
<tr><td colspan="8">Un terrain est un bien non amortissable. La plus-value réalisée sur la cession d'un bien non amortissable détenu depuis plus de 2 ans est nécessairement à long terme.</td></tr>
<tr><td>Bâtiment</td><td>100 000</td><td>70 000</td><td>30 000</td><td>65 000</td><td>35 000</td><td>35 000</td><td>—</td></tr>
<tr><td colspan="8">Un bâtiment est un bien amortissable. La plus-value réalisée sur la cession d'un bien amortissable détenu depuis plus de 2 ans est à court terme dans la limite des amortissements pratiqués (c'est-à-dire ici à hauteur de 70 000 €) et à long terme au-delà.</td></tr>
<tr><td>Machine</td><td>20 000</td><td>3 500</td><td>16 500</td><td>21 000</td><td>4 500</td><td>3 500</td><td>1 000</td></tr>
<tr><td colspan="8">Une machine est un bien amortissable. La plus-value réalisée sur la cession d'un bien amortissable détenu depuis plus de 2 ans est à court terme dans la limite des amortissements pratiqués (c'est-à-dire ici à hauteur de 3 500 €) et à long terme au-delà (1 000 € dans notre cas).</td></tr>
<tr><td>Titres</td><td>17 000</td><td>—</td><td>17 000</td><td>25 000</td><td>8 000</td><td>—</td><td>8 000</td></tr>
<tr><td colspan="8">La plus-value réalisée sur la cession de titres de participation détenus depuis plus de 2 ans est à long terme.</td></tr>
<tr><td>Brevet</td><td>15 000</td><td>15 000</td><td>—</td><td>15 000</td><td>15 000</td><td>—</td><td>15 000</td></tr>
<tr><td colspan="8">La plus-value réalisée sur la cession d'un brevet acquis depuis au moins 2 ans bénéficie du régime des plus ou moins-values à long terme. Pour bénéficier de ce régime, les brevets ou inventions brevetables doivent avoir le caractère d'actif immobilisé et être acquis depuis plus de 2 ans. En outre, aucun lien de dépendance ne doit exister entre les entreprises cédante et cessionnaire. La plus-value réalisée sur la cession de ce brevet est donc à long terme (à hauteur de 15 000 €).</td></tr>
</table>

b) Calcul et imposition des plus-values nettes en N

La SNC Ventou a réalisé dans cette hypothèse une PVNCT de 38 500 € et une PVNLT de 36 000 €.

La PVNCT peut soit être imposée comme ***élément de bénéfice*** inclus dans le résultat fiscal (dans ce cas, aucune opération extra-comptable ne s'impose), soit ***bénéficier d'un étalement*** sur 3 ans (dans ce cas il faut déduire du résultat fiscal les 2/3 de la PVNCT et il faudra réintégrer par 1/3 la plus-value lors du calcul du résultat de N + 1 et N + 2).

La PVNLT est imposée au taux de 16 % auquel s'ajoutent les prélèvements sociaux de 15,5 %. Elle doit être déduite extra-comptablement. Si l'entreprise est déficitaire, elle peut choisir entre deux traitements : régler l'imposition ce qui aggravera d'autant le déficit fiscal ou bien maintenir la PVNLT dans le résultat imposable aux BIC.

2 – Hypothèse où la SNC Ventou est soumise à l'impôt sur les sociétés

a) Calcul et qualification des plus ou moins-values dégagées en N

Pour les sociétés soumises à l'impôt sur les sociétés, les plus ou moins-values de cession d'immobilisations incorporelles et corporelles, qu'elles soient amortissables ou non et détenues depuis plus ou moins de deux ans, sont réputées à court terme, à l'exception des cessions de brevets qui peuvent bénéficier du régime des plus ou moins-values à long terme sous certaines conditions.

Les résultats sont présentés dans le tableau ci-dessous :

Élément	Valeur d'origine	Amortissements	Valeur résiduelle	Prix de vente	Résultat	PV ou MV à CT	PV ou MV à LT
Terrain	8 000	—	8 000	20 000	12 000	12 000	—
Bâtiment	100 000	70 000	30 000	65 000	35 000	35 000	—
Machine	20 000	3 500	16 500	21 000	4 500	4 500	—
Titres	17 000	—	17 000	25 000	8 000	—	8 000
Les titres en portefeuille sont des titres de participation, détenus depuis plus de deux ans. La plus-value réalisée sur la cession de ces titres est donc réputée à long terme.							
Brevet	15 000	15 000	—	15 000	15 000	—	15 000
La plus-value de 15 000 € réalisée sur la cession d'un brevet est une plus-value à long terme. En effet, le brevet a le caractère d'actif immobilisé et il a été acquis il y a plus de 2 ans. En outre, nous supposons qu'aucun lien de dépendance n'existe entre l'entreprise cédante et celle cessionnaire.							

b) Calcul et imposition des plus-values nettes en N

Dans cette hypothèse, la SNC Ventou a réalisé une PVNCT de 51 500 € et une PVNLT de 23 000 €.

La PVNCT est imposée dans le résultat fiscal au taux normal et ne donne lieu à aucun retraitement.

La PVNLT réalisée sur les titres de participation est exonérée ; elle doit donc être déduite du résultat fiscal au taux normal, sous réserve d'une quote-part de frais et charges égale à 12 % du montant de la plus-value brute (soit ici 960 € imposée au taux normal).

EXERCICE 40 Plus-values des PME soumises à l'impôt sur le revenu

La SNC Districat a été constituée en N – 7. Elle a pour activité la commercialisation d'aliments et d'accessoires pour chats dans la région nantaise.

Au titre de N, elle a réalisé un chiffre d'affaires hors taxes de 280 000 €. Durant cet exercice, la SNC Districat a cédé un local commercial acquis neuf à la constitution. Ce local figurait pour une valeur brute de 75 000 € au bilan de la SNC, il était amorti à hauteur de 42 500 € et il a été vendu pour 110 000 €. Il s'agit de la seule plus-value réalisée au titre de l'exercice.

La société a opté pour l'imposition de la cession à la TVA.

- *Qualifier la plus-value réalisée sur le local commercial.*
- *Indiquer les régimes d'exonération dont peut bénéficier l'entreprise et déterminer le montant des plus-values taxables.*

CORRIGÉ

1 – La qualification de la plus-value réalisée sur le local commercial

Le local commercial est détenu par l'entreprise depuis plus de 2 ans et il s'agit d'un ***bien amortissable***. La cession étant soumise à la TVA aucun reversement n'est à effectué. La plus-value réalisée sur sa cession est de : 110 000 – (75 000 – 42 500) = 77 500 €

Elle est à court terme dans la limite des amortissements pratiqués, c'est-à-dire à hauteur de 42 500 € et à long terme au-delà, c'est-à-dire pour 35 000 €.

2 – Les régimes d'exonération applicables

La SNC Discritat peut bénéficier de ***deux régimes d'exonération cumulables*** et dans l'ordre suivant :

– abattement pour durée de détention sur les immeubles d'exploitation ;

– exonération totale ou partielle des petites entreprises.

a) Abattement pour durée de détention

Un abattement de 10 % par année de détention au-delà de la cinquième est applicable sur les plus-values immobilières professionnelles à long terme.

La durée de détention du local commercial est de 7 ans. Un abattement de 10 % par année s'applique au-delà de la 5e année, soit 20 %.

L'abattement s'élève à 35 000 x 20 % = 7 000 €

La PVLT après abattement est de : 35 000 – 7 000 = 28 000 €

b) Exonération des petites entreprises

Les PME imposables à l'impôt sur le revenu dans le cadre du régime des BIC et exerçant leur activité depuis au moins 5 ans bénéficient d'***une exonération totale ou partielle de l'impôt sur les plus-values professionnelles*** à condition que leurs recettes hors taxes ne dépassent pas certaines limites.

La SNC Districat ayant un chiffre d'affaires hors taxes compris entre 250 000 € et 350 000 €, elle sera imposée partiellement sur le pourcentage des recettes excédant 250 000 €.

Calcul du taux d'exonération : (350 000 – 280 000) / 100 000 = 70 %

Application du taux d'exonération :

– plus-value à court terme : 42 500 x 70 % = 29 750 €

– plus-value à long terme après abattement : 28 000 x 70 % = 19 600 €

c) Montant des plus-values taxables

– plus-value à court terme : 42 500 – 29 750 = 12 750 €

– plus-value à long terme : 28 000 – 19 600 = 8 400 €

EXERCICE 41 Opérations sur titres financiers

La SA Rich'art est propriétaire d'un portefeuille de titres financiers, décrit ci-dessous :

Catégorie titres	Date d'acquisition	Quantité	Prix unitaire d'achat
Actions Alpha			
Lot N°1	*18 avril N – 4*	*100*	*58*
Lot N°2	*12 mars N – 3*	*500*	*35*
Lot N°3	*10 décembre N – 2*	*25*	*43*
Les actions Alpha sont des titres de participation			
Actions Giga	*26 décembre N – 4*	*130*	*50*
Les actions Giga sont des valeurs mobilières de placement			
Titres Riskobell	*12 mai N – 6*	*100*	*150*
Les titres Riskobell sont des parts de fonds commun de placement à risques			
Actions Veolius	*19 mars N – 5*	*10 000*	*3 000*
La SA Rich'art détient 4 % du capital de la SA Veolius. Ces titres ne sont pas enregistrés comme des titres de participation.			

Au cours de l'exercice N, les opérations suivantes ont été réalisées :

A – Cession de 120 titres Alpha au prix unitaire de 68 € ; les titres Alpha restant en portefeuille sont transférés dans un compte de titres immobilisés, au 31 décembre N

B – Cession de 100 titres Giga au prix unitaire de 45 €

C – Cession de 30 titres Riskobell au prix unitaire de 180 €

D – Cession de 500 titres Veolius au prix unitaire de 4 000 €

E – Acquisition de 100 titres d'OPCVM le 1er octobre N au prix unitaire de 300 €. La valeur liquidative unitaire de ces titres au 31 décembre N est de 297 €

F – Acquisition de 400 actions Oméga, le 12 décembre N. Il s'agit de titres de participation :

- *acquisition au prix unitaire de 670 €*
- *frais d'acquisition supportés sur ces titres : 2 680 €*
- *valeur de ces titres au 31 décembre N : 630 €*

On suppose que l'exercice comptable coïncide avec l'année civile. L'entreprise utilise la méthode du premier entré/premier sorti pour déterminer l'ordre de sortie des titres.

■ *Déterminer le régime fiscal applicable à chacune de ces opérations.*

CORRIGÉ

1 – Les titres *Alpha*

a) Cession des 120 titres

Les titres Alpha sont des ***titres de participation*** ; ils ont été acquis à des dates différentes.

Le régime fiscal de leur cession dépendra de la ***durée de détention de ces titres***. Comme il est fait application de la méthode premier entré/premier sorti, on considère que les premiers titres cédés sont les plus anciens : les 120 titres cédés sont constitués par 100 titres acquis en N – 4 et 20 titres acquis en N – 3.

Prix unitaire de cession : 68 €.

Résultat de cession sur les titres du lot n° 1 (N – 4) : 100 x (68 – 58) = 1 000 € de PVLT

Résultat de cession sur les titres du lot n° 2 (N – 3) : 20 x (68 – 35) = 660 € de PVLT

La plus-value réalisée sur la cession des titres Alpha est ***exonérée***, sous réserve de la réintégration d'une quote-part pour frais et charges de 12 %, car il s'agit de titres de participation détenus depuis plus de deux ans.

b) Transfert de titres de participation en titres immobilisés

Le régime fiscal des transferts de compte à compte est assimilable au régime applicable aux cessions de titres. La sortie des titres Alpha des « Titres de participation » génère donc une plus ou moins-value qu'il convient de calculer. La méthode de détermination de la plus ou moins-value générée suit les mêmes règles que celles que nous venons d'appliquer pour la cession des titres.

Les titres transférés ont une valeur unitaire de 68 €.

Résultat latent sur les titres restant du lot n° 2 (N – 3) : 480 x (68 – 35) = 15 840 € de PVLT

Résultat latent sur les titres du lot n° 3 (N – 2) : 25 x (68 – 43) = 625 € de PVLT

Le transfert des titres Alpha génère donc une plus-value latente à long terme de 16 465 €. En effet, le délai de détention des titres s'apprécie à la date du transfert. Mais cette plus-value latente n'est pas imposée avec les résultats de N, l'imposition est reportée à l'exercice au cours duquel les titres seront effectivement cédés.

2 – La cession des titres *Giga*

La cession des titres Giga dégage une moins-value de : 100 x (50 – 45) = 500 €

Cette moins-value est à court terme car il s'agit de valeurs mobilières de placement, donc de titres non éligibles au régime des plus et moins-values à long terme.

3 – La cession des titres *Riskobell*

La cession des titres dégage une plus-value de : 30 x (180 – 150) = 900 €

Les titres Riskobell sont des actions de fonds communs de placement à risques et ils sont détenus depuis plus de 5 ans. Dès lors, la plus-value dégagée est à long terme pour 900 € et imposable au taux de 15 %.

4 – La cession des titres *Veolius*

La cession des titres Veolius permet de dégager une plus-value de :

500 x (4 000 – 3 000) = 500 000 €

Ces titres, acquis il y a cinq ans, ***ne sont pas des titres de participation*** et ils ne sont pas éligibles au régime société-mère/filiale (détention de moins de 5 % du capital). Leur prix de revient est de 30 000 000 € (supérieur au seuil de 22,8 M€). Ils ne rentrent donc pas dans le champ de l'exonération prévue pour les plus ou moins-values à long terme sur les titres de participation. La plus-value est à court terme et donc imposable au taux normal de 33,33 %.

5 – L'acquisition des titres d'*OPVCM*

À la clôture de chaque exercice, il faut constater l'écart positif ou négatif entre la valeur liquidative des titres à la clôture et la valeur liquidative des titres à l'ouverture de l'exercice ou à la date d'acquisition. Cet écart doit être intégré pour le calcul du résultat fiscal à taux normal d'une manière extra-comptable.

100 x (297 – 300) = –300 € à déduire extra-comptablement du résultat fiscal

6 – Acquisition des titres *Oméga*

Les frais d'acquisition de titres de participation doivent obligatoirement ***être incorporés*** au prix de revient des titres. Ils peuvent être amortis sur cinq ans.

La dotation aux dépréciations à constater pour la perte de valeur des titres Oméga ne sera pas considérée comme une MVLT car, bien qu'il s'agisse de titres de participation, ils sont détenus depuis moins de deux ans.

Cette dotation est de :

[(400 x 670) + 2 680] – (400 x 630) = 18 680 €

EXERCICE 42 Opérations sur titres financiers – Régime fiscal des sociétés immobilières

La SA Van Auwegen a réalisé, au cours de l'exercice N, les opérations suivantes :

– cession le 30 juin de titres d'une société à prépondérance immobilière non cotée, dégageant une moins-value de 5 000 € ;

– cession le 30 octobre de titres d'une société à prépondérance immobilière non cotée, dégageant une plus-value de 6 000 € ;

– cession le 30 novembre de titres d'une société à prépondérance immobilière cotée, dégageant une plus-value de 4 000 €.

Tous les titres cédés étaient enregistrés en comptabilité comme des titres de participation et ils étaient détenus depuis plus de deux ans.

- *Préciser la définition des sociétés à prépondérance immobilière au regard du régime des plus et moins-values professionnelles.*
- *Indiquer le régime d'imposition des cessions réalisées en N.*

CORRIGÉ

1 – Définition des sociétés à prépondérance immobilière au regard du régime des plus et moins-values professionnelles

Une société à prépondérance immobilière est une société dont l'actif est, à la date de la cession des titres, ou a été à la clôture du dernier exercice précédant cette cession, constitué pour plus de 50 % de sa valeur réelle par des immeubles, des droits portant sur des immeubles, des droits afférents à un contrat de crédit-bail ou par des titres d'autres sociétés à prépondérance immobilière.

Cette définition des sociétés à prépondérance immobilière est spécifique pour la mise en œuvre du régime des plus-values à long terme imposables à l'impôt sur les sociétés. D'autres définitions des sociétés à prépondérance immobilière existent dans le Code général des impôts pour d'autres dispositifs.

2 – Le régime d'imposition des cessions de titres de sociétés à prépondérance immobilière

Il convient de distinguer les titres des sociétés à prépondérance immobilière non cotées et les titres des sociétés à prépondérance immobilière cotées. Les premiers sont exclus du régime des plus et moins-values à long terme et sont imposables au taux d'impôt sur les sociétés de droit commun. Les seconds sont éligibles au régime des plus-values à long terme lorsqu'il s'agit de titres de participation détenus depuis plus de deux ans. Ils sont alors imposables au taux réduit de 19 %.

La moins-value de 5 000 € dégagée sur la cession du 30 juin et la plus-value de 6 000 € dégagée sur la cession du 30 octobre relèvent du résultat à ***taux normal*** d'impôt sur les sociétés car il s'agit de titres d'une société à prépondérance immobilière non cotée.

La plus-value de 4 000 € dégagée sur la cession du 30 novembre bénéficie du taux réduit de 19 % car il s'agit de titres d'une société à prépondérance immobilière cotée.

EXERCICE 43 Indemnisation d'assurance

Une inondation a sinistré l'entrepôt de l'EURL Gilbertine début octobre N. Cet entrepôt avait été mis en service le 1er mars N – 6, pour un coût d'acquisition de 500 000 €, amorti à hauteur de 230 000 €.

Des indemnités d'assurance en réparation de ce sinistre ont été perçues par l'EURL en décembre N pour un montant total de 300 000 €.

■ *Indiquer le traitement fiscal de cette opération si l'entreprise est soumise :*
- *à l'impôt sur le revenu ;*
- *à l'impôt sur les sociétés.*

CORRIGÉ

1 – Le traitement fiscal dans le cas d'une entreprise soumise à l'impôt sur le revenu

La perception d'une indemnité d'assurance sur des biens amortissables va ***générer*** une plus ou moins-value à court terme ou à long terme.

Indemnité perçue : 300 000 €

VNC = 500 000 – 230 000 = 270 000 €

Plus-value = 300 000 – 270 000 = 30 000 €

Puisqu'il s'agit d'un bien détenu depuis plus de 2 ans, la plus-value est à court terme à hauteur des amortissements pratiqués et à long terme au-delà. Ici, la plus-value est en totalité à court terme pour 30 000 €.

L'entreprise peut choisir d'imposer immédiatement la plus-value ou, au contraire, d'en étaler l'imposition (sur option) à partir de l'exercice suivant pour une durée égale à celle de l'amortissement pratiqué, plafonnée à 15 ans.

Si elle choisit d'étaler l'imposition de la plus-value, la durée d'étalement sera de : 7,5 arrondi à 8 ans. La plus-value devra donc être déduite du résultat fiscal N et étalée sur 8 ans à compter de l'exercice N + 1. Le montant de l'étalement est plafonné à la PVNCT globale de l'exercice.

2 – Le traitement fiscal dans le cas d'une entreprise soumise à l'impôt sur les sociétés

La plus-value de 30 000 € réalisée sur cette opération est à court terme. Elle peut être étalée sur option à partir de l'exercice suivant pour une durée égale à celle de l'amortissement pratiqué, plafonnée à 15 ans.

La plus-value devra donc être déduite du résultat fiscal N et étalée sur 8 ans à compter de l'exercice N + 1. Le montant de l'étalement est plafonné à la PVNCT globale de l'exercice.

En outre, une dotation aux provisions pour impôt devra être constituée. Cette dotation sera non déductible du résultat fiscal et devra être réintégrée.

EXERCICE 44 Dépréciations constatées sur des titres de participation et des immeubles de placement

La Société anonyme Fidulia détient des titres de participation **A** *et* **B** *en portefeuille. Elle détient en outre des titres de société à prépondérance immobilière non cotée.*

Son exercice comptable coïncide avec l'année civile.

Les informations relatives à ces titres sont détaillées dans le tableau ci-dessous :

Nature des titres	Coût de revient	Valeur réelle N	Valeur réelle N + 1
Titres de participation **A**	*100 titres à 39 €*	*38 €*	*39 €*

Nature des titres	Coût de revient	Valeur réelle N	Valeur réelle N + 1
Titres de participation **B**	*10 titres à 1 100 €*	*1 900 €*	*1 000 €*
Titres de société à prépondérance immobilière non cotée	*2 500 000 €*	*2 200 000 €*	*2 500 000 €*

- *Déterminer pour les titres* **A** *et* **B** *et les titres de société à prépondérance immobilière s'il y a lieu de constater une dépréciation au titre des exercices N et N + 1.*
- *Déterminer les retraitements fiscaux découlant de ces dépréciations pour le calcul du résultat fiscal N et N + 1.*

CORRIGÉ

1 – La détermination des dépréciations à constituer

a) Pour les titres de participation

Sur le plan comptable, une dépréciation doit être ***constituée*** lorsque la valeur réelle de titres de participation est inférieure à leur prix de revient.

Pour les titres **A**, le comptable a dû enregistrer une dotation de [(100 x (39 – 38)] = 100 € en N. Cette dépréciation ne se justifie plus en N + 1 et elle doit donc faire l'objet d'une reprise pour 100 €.

Pour les titres **B**, le comptable n'a pas enregistré de dépréciation en N (la valeur réelle des titres étant supérieure à leur coût de revient). Par contre, une dépréciation pour 1 000 € doit être constituée en N + 1 car la valeur réelle des titres **B** est devenue inférieure à leur coût de revient.

b) Pour les titres de société à prépondérance immobilière

Une dépréciation doit être constituée en N pour 300 000 €. Elle doit être reprise en N + 1 pour le même montant.

c) Tableau récapitulatif

Nature des titres	N		N + 1	
	Dépréciation	Reprise	Dépréciation	Reprise
Titres **A**	100			100
Titres **B**			1 000	
Titres de société à prépondérance immobilière non cotée	300 000			300 000

2 – Les retraitements fiscaux pour la détermination du résultat imposable

a) Pour les titres de participation

Les dépréciations afférentes aux titres de participation de 1re catégorie (sans prépondérance immobilère) ***ne sont pas déductibles*** et les ***reprises de dépréciation*** sur ces mêmes titres ne sont pas imposables.

En N, la dotation aux dépréciations de 100 € constatée sur les titres **A** n'est pas déductible ; elle doit faire l'objet d'une réintégration extra-comptable pour la détermination du résultat fiscal.

En N + 1, la reprise sur dépréciation constatée sur les titres **A** est non imposable ; elle doit faire l'objet d'une déduction extra-comptable. La dotation aux dépréciations de 1 000 € constatée pour les titres **B** est non déductible ; elle doit faire l'objet d'une réintégration extra-comptable.

b) Sur les titres de société à prépondérance immobilière

Les dépréciations et les reprises constatées sur les titres de société à prépondérance immobilière non cotés sont exclues du régime des plus-values à long terme.

En N, la SA Fidulia ne constate aucune plus-value latente sur ces titres. En conséquence, les dotations aux dépréciations sont déductibles en totalité (300 000 €).

En N + 1, la reprise constatée est un produit imposable au taux normal.

THÈME 9

Le calcul, le paiement de l'IS et les déficits fiscaux

EXERCICE 45 Acomptes et solde d'IS – PME

La SARL Ugolin est spécialisée dans la fabrication de santons de Provence. Elle a été créée en N – 2 par monsieur Ugolin père et monsieur Perez.

Au titre de N – 1, la SARL a réalisé un résultat fiscal de 50 000 €.

Pour l'exercice N, son résultat fiscal est de 30 000 € et son chiffre d'affaires s'élève à 200 000 €.

Le résultat fiscal de N + 1 est de 12 000 € pour un chiffre d'affaires de 250 000 €.

L'exercice comptable coïncide avec l'année civile.

La société bénéficie du régime des PME et clôture ses comptes au 31 décembre.

- *La SARL Ugolin est-elle concernée par la contribution exeptionnelle d'impôt sur les sociétés de 10,7 % ?*
- *Calculer les acomptes payés au cours de l'année N + 1 et le premier acompte de N + 2.*
- *Quel est le montant du solde d'impôt sur les sociétés N + 1 ?*
  Quand l'entreprise devra-t-elle le verser ?

CORRIGÉ

1 – L'assujettissement à la contribution exceptionnelle

La SARL Ugolin ***n'est pas redevable de la contribution exceptionnelle*** d'impôt sur les sociétés de 10,7 % car les PME soumises au taux réduit de 15 % sont exclues de ce dispositif.

Cette contribution n'est due que pour les ***sociétés soumises à l'impôt sur les sociétés*** qui réalisent un ***chiffre d'affaires supérieur à 250 M€***.

2 – Le calcul des acomptes d'impôt sur les sociétés N + 1 et du premier acompte N + 2

Pendant l'exercice, ***quatre acomptes provisionnels*** sont payés à date fixe. Ils sont déterminés par rapport au résultat du dernier exercice clos connu. La SARL Ugolin clôture ses comptes au 31 décembre.

Les dates de paiement des acomptes d'impôt sur les sociétés sont les suivantes :

Acompte	Date au plus tard	Calcul	Montant
1er acompte N + 1	15 mars N + 1	[(38 120 x 15 %) + (11 880 x 33 1/3 %)] 1/4 Le 1er acompte N + 1 se calcule provisoirement sur la base du bénéfice fiscal de N – 1 car le résultat N n'est pas encore connu. La SARL étant une PME au sens fiscal du terme, elle bénéficie du taux réduit de 15 % sur la part de son bénéfice fiscal ne dépassant pas 38 120 €.	2 420 €
2e acompte N + 1	15 juin N + 1	[(30 000 x 15 %) 1/2] – 2 420 Le deuxième acompte doit intégrer le bénéfice fiscal N, qui est désormais connu.	0 € car le montant est négatif (– 170 €)

Acompte	Date au plus tard	Calcul	Montant
3e acompte N + 1	15 septembre N + 1	(30 000 x 15 %) 1/4	Calcul théorique : 1 125 € La SARL Ugolin a la faculté de réduire le montant de ses acomptes d'IS si elle estime que le montant des acomptes déjà versé au titre de N + 1 est supérieur ou égal à l'IS dont elle sera redevable au titre de l'exercice concerné. Mais en cas de mauvaise estimation dans la modulation des acomptes, le contribuable s'expose à une pénalité de 5 % calculée sur la différence restant due. Ici, elle peut se contenter de verser un acompte de : 1 125 – 170 = 955 €
4e acompte N + 1	15 décembre N + 1	(30 000 x 15 %) 1/4	Calcul théorique : 1 125 €
1er acompte N + 2	15 mars N + 2	(30 000 x 15 %) 1/4 Le 1er acompte N + 2 se calcule provisoirement sur la base du bénéfice fiscal de N car le résultat N + 1 n'est pas encore connu.	1 125 € Si la société estime avant la date de versement du premier acompte que le résultat imposable du dernier exercice est sensiblement inférieur à celui de l'avant-dernier exercice (ce qui est le cas ici), le premier acompte peut être déterminé d'après le bénéfice estimé du dernier exercice.

3 – Le calcul du solde d'impôt sur les sociétés N + 1

La société Ugoline clôture ses exercices le 31 décembre. En conséquence, le solde d'impôt sur les sociétés doit être payé ***au plus tard le 15 mai*** qui suit la clôture de l'exercice.

Solde = Impôt sur les sociétés dû – Somme des 4 acomptes versés

Si l'entreprise a effectivement choisi de moduler le troisième acompte d'impôt sur les sociétés en ne versant que 955 €, alors le solde à payer est de :

Solde = (12 000 x 15 %) – 4 500 = – 2 700 €

Le résultat fiscal N + 1 étant plus faible que le résultat fiscal des années précédentes, l'entreprise a versé trop d'acomptes. L'excédent d'un montant de 2 700 € sera ***remboursé par l'administration fiscale*** dans les 30 jours, à compter de la date de dépôt du relevé de solde et de la déclaration du résultat, sous déduction des autres impôts directs éventuellement dus par l'entreprise.

EXERCICE 46 Report en avant des déficits

La SARL Distritoys a dégagé au titre de l'exercice N un bénéfice imposable égal à 1 800 000 €. Elle a subi au titre de l'exercice clos en N – 1 un déficit de 2 200 000 €.

Par ailleurs, elle remplit les conditions pour être éligible au taux réduit de 15 % des PME.

- *Indiquer comment la règle de plafonnement de l'imputation des déficits s'applique lorsqu'une part de bénéfice est soumise au taux réduit.*
- *Effectuer le report en avant des déficits.*
- *Calculer le montant du déficit reportable sur les exercices suivants.*

CORRIGÉ

1 – L'application de la règle du plafonnement

Pour les sociétés soumises au taux réduit de 15 % des PME, ***la règle de plafonnement de l'imputation des déficits*** s'applique avant de déterminer la quote-part de bénéfice soumise au taux de 15 %.

2 – L'application de la règle du plafonnement et le calcul du bénéfice taxable

Le déficit antérieur imputable sur N est égal à :

1 000 000 + [50 % (1 800 000 – 1 000 000)] = 1 400 000 €

Le bénéfice taxable au titre de l'exercice clos en N s'élève à :

1 800 000 – 1 400 000 = 400 000 €

Les 400 000 € sont imposés de la manière suivante :

38 120 x 15 % = 5 718 €

(400 000 – 38 120) 33,33 % = 120 615 €

3 – Le calcul du montant du déficit reportable

La fraction du déficit subi en N – 1 non déductible du bénéfice N et reportable sur les exercices suivants est égal à :

2 200 000 – 1 400 000 = 800 000 €

EXERCICE 47 Report en arrière des déficits

La SA Véléa a subi pour l'exercice N un déficit de 1 450 000 €.

En N – 1, elle a réalisé un bénéfice fiscal de 1 023 120 € imposé au taux normal et au taux réduit de 15 % des PME. Aucun dividende n'a été distribué.

La SA Véléa a opté pour le report en arrière des déficits.

- *Indiquer sur quelle quote-part de bénéfice le déficit reporté en arrière doit-il s'imputer en priorité et dans quelle limite.*
- *Calculer le montant de la créance sur l'État.*

CORRIGÉ

1 – L'imputation du déficit reporté en arrière

L'imputation du déficit reporté en arrière sur le bénéfice de l'exercice précédent est ***plafonnée à 1M€***; le reliquat est reportable en avant. Ce déficit ***s'impute en priorité*** sur le bénéfice soumis au taux normal puis sur le bénéfice soumis au taux réduit de 15 % des PME.

2 – Le calcul de la créance

Le bénéfice d'imputation N – 1 est égal à 1 023 120 € puisqu'il n'y a pas eu de distribution de bénéfice.

La créance sur l'État se détermine de la manière suivante :

– montant de l'IS pour l'exercice clos en N – 1 :
- IS au taux réduit : 38 120 x 15 % = 5 718 €
- IS au taux normal : (1 023 120 – 38 120) 33,33 % = 328 301 €

– déficit reporté en arrière : 1 M€

– montant de la créance au taux normal : 328 301 €

– montant de la créance au taux réduit : [1 000 000 – (1 023 120 – 38 120)] 15 % = 2 250 €

– montant total de la créance sur l'État : 328 301 + 2 250 = 330 551 €

Le reliquat de bénéfice soit 450 000 € est reportable en avant de façon illimitée.

EXERCICE 48 Synthèse sur le paiement de l'IS

La SARL Kilimandjaro a réalisé au titre de N un bénéfice comptable de 983 000 €. Le montant des charges non déductibles s'élève à 6 000 € et le montant des produits non imposables est de 2 300 €. En outre, la SARL a dégagé des plus-values nettes à long terme sur des cessions de titres de participations (1re catégorie) pour 9 000 € (dont 12 500 € de plus-values brutes à long terme) et un résultat net sur des concessions de brevets de 10 000 €. Les produits des concessions de brevets sont constants depuis 3 ans.

En N – 1, le résultat fiscal de la SARL était de (5 600 €). En N – 2, il était de 12 000 €. Il n'avait pas fait l'objet d'un report en arrière. De plus, la société ne compense pas son déficit avec sa plus-value nette à long terme. L'exercice comptable coïncide avec l'année civile.

Le chiffre d'affaires hors taxes de la SARL est de 12 590 000 €.

- *Déterminer le montant de l'IS à payer au titre de N et de la contribution sociale et préciser si la SARL Kilimandjaro est soumise à la règle du plafonnement du report en avant des déficits*
- *Calculer tous les mouvements de trésorerie relatifs à l'IS ayant lieu en N.*

CORRIGÉ

1 – Le calcul de l'impôt sur les sociétés à payer au titre de N

La SARL a réalisé un chiffre d'affaires supérieur à 7 630 000 € ; en conséquence, elle n'a pas le droit de bénéficier du taux réduit réservé aux PME.

a) Résultat fiscal

Résultat fiscal au taux normal : 969 200 €, soit :

983 000 (résultat comptable)
+ 6 000 (charges non déductibles)
– 2 300 (produits non imposables)
– 9 000 (PV sur Titres de participation)
+ 1 500 (Quote-part de 12 % de frais et charges relative aux PV brutes sur titres de participation)
– 10 000 (résultat sur concessions de brevets)

Résultat fiscal au taux réduit : 10 000 €

En effet, les produits sur les concessions de brevets sont taxés au taux réduit de 15 %. Les plus-values nettes à long terme réalisées sur les titres de participation (1re catégorie) sont exonérées d'impôt sous réserve de la réintégration d'une quote-part de frais et charges de 12 % calculée sur les plus-values brutes à long terme, soit sur 12 500 € dans le cas présent.

Le montant du déficit N – 1 et le montant du bénéfice fiscal N étant tous deux inférieurs à 1 M€, la SARL n'est pas concernée par la règle du plafonnement.

Le déficit fiscal de 5 600 € de N – 1 peut s'imputer sur la base d'impôt sur les sociétés au taux normal, d'où une base imposable au taux normal de (969 200 – 5 600) = 963 600 €

b) Calcul de l'impôt sur les sociétés

Impôt sur les sociétés N = (963 600 x 33 1/3 %) + (10 000 x 15 %) = 322 668 €

c) Calcul de la contribution sociale sur les bénéfices (CSB)

Contribution sociale = 3,3 % x (Impôt sur les sociétés – 763 000)

Comme l'impôt sur les sociétés dû par la SARL est inférieur à 763 000 €, la société n'est pas assujettie à la contribution sociale.

2 – La détermination des mouvements de trésorerie relatifs à l'impôt sur les sociétés

Les acomptes se calculent sur l'impôt sur les sociétés de N – 2 et N – 1 (hors PVNLT) :

– 1er acompte d'impôt sur les sociétés (15 mars au plus tard) = IS (N – 2) x 1/4 ; soit :

[(12 000 x 1/3) x 1/4] + [(10 000 x 15 %) x 1/4] = 1 375 €

– 2e acompte d'impôt sur les sociétés (15 juin) = IS (N – 1) x 1/2 – 1er acompte ; soit :

[(10 000 x 15 %) x 1/2] – 1 375 = – 625 €(inférieur à 0, donc pas d'acompte à payer)

– 3e acompte d'impôt sur les sociétés (15 septembre) = IS (N – 1) x 1/4 ; soit :

[(10 000 x 15 %) x 1/4] – 625 = – 250 €(inférieur à 0, donc pas d'acompte à payer)

– 4e acompte d'impôt sur les sociétés (15 décembre) = IS (N – 1) x 1/4 ; soit :

[(10 000 x 15 %) x 1/4] – 250 = 125 €

Le 15 mai N au plus tard, l'entreprise devra verser le solde de l'impôt sur les sociétés N – 1. Nous ne disposons pas des informations permettant de le calculer.

EXERCICE 49 Dernier acompte d'IS des grandes entreprises – Contributions exceptionnelle et additionnelle d'IS

La société anonyme CNSM a constaté au titre de l'exercice N – 1 :

– un chiffre d'affaires de	*2 Md€*
– un résultat fiscal imposé au taux normal de	*6 M€*
– une PVNLT relative au résultat de la concession de licence de	*2 M€*
– un impôt sur les sociétés de (6 M€x 33,33 %) + (2 M€x 15 %)	*2,3 M €*

La société CNSM prévoit pour l'exercice N :

– un chiffre d'affaires de	*4 Md€*
– un résultat fiscal imposé au taux normal de	*7,5 M€*
– une PVNLT relative au résultat de la concession de licence de	*2,4 M€*
– un impôt sur les sociétés de (7,5 M€x 33,33 %) + (2,4 M€x 15 %)	*2 859 750 €*

Par ailleurs, elle a versé le 10 juin N un montant de 497 000 €de dividendes, dont 160 000 €en actions.

- *Calculer le dernier acompte d'IS en date du 15 décembre N.*
- *Calculer le montant de la contribution exceptionnelle de 10,7 % au titre de l'exercice N et le montant de l'acompte correspondant à acquitter le 15 décembre N selon les deux hypothèses suivantes :*

- *première hypothèse : la société n'est pas soumise à la taxe exceptionnelle sur les hautes rémunérations ;*
- *deuxième hypothèse : la société est redevable de la taxe exceptionnelle sur les hautes rémunérations ;*

■ *Calculer la contribution additionnelle de 3 % sur les revenus distribués et indiquer à quelle date elle doit être acquittée.*

CORRIGÉ

1 – Le calcul du dernier acompte d'impôt sur les sociétés

Le chiffre d'affaires N – 1 est compris entre 1 Md€ et 5 Md€.

Le résultat estimé pour N est en augmentation de manière significative par rapport à celui de N – 1. En conséquence, la société CNSM remplit les conditions pour déterminer le montant du dernier acompte en fonction du résultat prévisionnel de N d'après les modalités suivantes :

– montant des 3 acomptes déjà versés :

(2,3 M€/ 4) x 3 = 1 725 000 €

– montant du 4e acompte :

85 % du montant de l'IS estimé – Montant des acomptes versés

(2 859 750 x 85 %) – 1 725 000 = 705 788 €

Ce dernier acompte est majoré de :

705 788 – (2,3 M€/ 4) = 130 788 €

2 – Le montant de la contribution exceptionnelle de 10,7 % et de son acompte le 15 décembre N

Première hypothèse

L'assiette de la contribution exceptionnelle de 10,7 % est égale à l'IS de référence (IS dû au taux normal + IS dû au taux réduit des PVNLT), soit : 2 859 750 €

Le montant de la contribution au titre de l'exercice N s'élève à :

2 859 750 x 10,7 % = 305 993 €

Pour un chiffre d'affaires supérieur à 1 Md€, l'acompte est égal à 95 % du montant de la contribution, soit :

305 993 x 95 % = 290 693,35 €, soit : 290 693 €

Deuxième hypothèse

La taxe exceptionnelle sur les hautes rémunérations est déductible du bénéfice imposable pour le calcul de l'impôt sur les sociétés. En revanche, elle ne l'est pas pour le calcul de la contribution exceptionnelle de 10,7%.

Il est donc nécessaire de calculer un impôt sur les sociétés fictif pour déterminer le montant de la contribution :

IS fictif = [(7,5 + 1,5) x 33,33 %] + (2,4 x 15 %)
= 2 999 700 + 360 000
= 3 359 700 €

Le montant de la contribution est alors de :

3 359 700 x 10,7 % = 359 488 €

L'acompte s'élève à :

359 488 x 95 % = 341 513,60 €, soit : 341 514 €

3 – Le montant de la contribution additionnelle de 3 % et sa date d'acquittement

Les dividendes payés en actions échappent à la contribution additionnelle de 3 % sur les revenus distribués.

La société est donc ***redevable de cette contribution*** uniquement sur la part des dividendes versés en numéraire.

Le montant de la contribution s'élève à :

(497 000 – 160 000) x 3 % = 10 110 €

Elle doit être ***payée spontanément*** à l'échéance du 1er acompte d'impôt sur les sociétés suivant le mois de la mise en paiement de la distribution.

Date de versement des dividendes : 10 juin N

Date d'acquittement de la contribution : 15 septembre N

THÈME 10

Révision de l'imposition des résultats de l'entreprise

Les QCM sont des questions à choix multiple. À chaque question posée, il vous est proposé différentes réponses parmi lesquelles il vous faut cocher une réponse juste, plusieurs réponses justes, voire, pour certaines questions, toutes les réponses. Ce sont donc des questions fermées auxquelles vous devez répondre rapidement avec un temps de réflexion limité.

EXERCICE 50 — 14 questions à choix multiple

1 – *Parmi les formes d'entreprises énumérées ci-dessous, cocher celles soumises de plein droit à l'impôt sur les sociétés :*

- ❒ a. SAS
- ❒ b. SARL
- ❒ c. SNC
- ❒ d. EURL dont l'associé est une personne physique
- ❒ e. EIRL

2 – *La société Habilis a acquis une Peugeot 306 le 1er juillet N pour une valeur de 25 000 € toutes taxes comprises. Le véhicule est amorti en linéaire sur cinq ans. Indiquez le montant de l'amortissement fiscalement non déductible (donc à réintégrer) au titre de ce véhicule :*

- ❒ a. 1 340 €
- ❒ b. 3 660 €
- ❒ c. 1 830 €
- ❒ d. 670 €

3 – *La contribution exceptionnelle temporaire de 10,7 % :*

- ❒ a. concerne toutes les entreprises soumises à l'IS
- ❒ b. est calculée sur le bénéfice fiscal
- ❒ c. est calculée sur l'IS dû au taux normal et aux taux réduits des PVNLT (15 % et 19 %)
- ❒ d. est déductible du résultat imposable
- ❒ e. est payée en une seule fois

4 – *Les produits non imposables ou imposables au taux réduit des plus-values nettes à long terme doivent être déduits du résultat fiscal :*

- ❒ a. vrai
- ❒ b. faux

5 – *Le montant maximum déductible du résultat fiscal au titre des jetons de présence versés à des administrateurs pour une société dont l'effectif est de trois salariés, est de :*

- ❒ a. 5 % de la moyenne des 5 meilleures rémunérations x Nombre d'administrateurs
- ❒ b. 5 % de la moyenne des rémunérations x Nombre d'administrateurs
- ❒ c. 457 € x Nombre d'administrateurs

6 – ***Depuis le 1er janvier 2014, le solde de l'impôt sur les sociétés doit être liquidé au plus tard le 15 mai de l'exercice suivant quelle que soit la date de clôture de l'exercice :***

❐ a. vrai

❐ b. faux

7 – ***Les PVNLT réalisées sur les titres de participation de 1re catégorie par des sociétés soumises à l'IS sont :***

❐ a. taxées au taux de 15 %

❐ b. taxées au taux de 8 %

❐ c. taxées au taux de 33 1/3 %

❐ d. exonérées

8 – ***Le report en arrière des déficits :***

❐ a. est applicable, sur option, pour les sociétés soumises à l'IS

❐ b. est applicable, sur option, pour les sociétés soumises à l'impôt sur le revenu dans la catégorie des bénéfices industriels et commerciaux (BIC)

❐ c. n'est possible que sur l'impôt sur les sociétés au taux normal

❐ d. n'est possible que dans la limite des bénéfices non distribués

❐ e. est plafonné à 1 M€

9 – ***La contribution sociale sur les bénéfices :***

❐ a. doit être liquidée en quatre acomptes versés selon le même rythme que l'impôt sur les sociétés et le solde

❐ b. n'est due que par les sociétés dont l'impôt sur les sociétés est supérieur à 763 000 €

10 – ***Toutes les entreprises soumises à un régime réel d'imposition, sans condition de seuil de chiffre d'affaires, doivent souscrire leur déclaration de résultats par télédéclaration à partir des échéances 2015 :***

❐ a. vrai

❐ b. faux

11 – *Les plus-values nettes à long terme réalisées sur la cession de titres de société à prépondérance immobilière sont imposées au taux de 19 % :*

❐ a. uniquement si la société à prépondérance immobilière est cotée

❐ b. uniquement si la société à prépondérance immobilière est non cotée

❐ c. que la société à prépondérance immobilière soit cotée ou non cotée

12 – *La SA Lio cède des titres de participation acquis il y a un an à la SA Bio qui fait partie du même groupe. La SA Lio a réalisé une moins-value sur cette opération :*

❐ a. la moins-value est déductible de la base de l'impôt sur les sociétés à 33 1/3 % dès l'exercice de la cession

❐ b. la moins-value fait l'objet d'un report de déduction

13 – *Un sous-concédant* **Y** *a versé à son concédant* **X** *une redevance pour brevet de 8 000 €. Il a perçu à son tour une redevance de 12 000 € de la part de son sous-concessionnaire* **Z**. *Les 3 sociétés sont assujetties à l'IS et l'ensemble des conditions sont réunies pour que la société* **Y** *bénéficie du taux réduit de 15 % sur les produits de la propriété industrielle. Le produit de la redevance imposable au taux réduit de 15 % pour la société* **Y** *s'élève à :*

❐ a. 12 000 €

❐ b. 4 000 €

14 – *Une société soumise à l'impôt sur les sociétés a cédé, au cours de l'exercice N, des titres de participation (autres que ceux de SPI) détenus depuis plus de deux ans. Elle a dégagé une PVNLT de 8 000 € résultant d'une plus-value à long terme de 12 000 € sur les titres de participation* **T** *et d'une moins-value à long terme sur les titres de participation* **Y** *de 4 000 €.*

En contre partie de l'exonération de la PVLNLT, la quote-part de frais et charges à réintégrer pour être imposée au taux normal s'élève à :

❐ a. 8 000 x 10 % = 800 €

❒ b. 8 000 x 12 % = 960 €

❒ c. 12 000 x 10 % = 1 200 €

❒ d. 12 000 x 12 % = 1 440 €

CORRIGÉ

1 – bonnes réponses : ❒ a ❒ b

Les SNC, les EURL dont l'associé unique est une personne physique et les EIRL ***sont soumis de plein droit à l'impôt sur le revenu dans la catégorie des BIC***, mais peuvent opter pour l'IS.

2 – bonne réponse : ❒ d

L'amortissement d'un véhicule de tourisme n'est considéré comme ***une charge déductible*** qu'à hauteur d'une limite en base fixée à 18 300 € TTC. Il faut donc réintégrer :

[(25 000 – 18 300) x 20 %] x 1/2 (*prorata temporis* car le véhicule a été acquis le 1er juillet).

3 – bonne réponse : ❒ c

La contribution exceptionnelle de 10,7 % ***concerne uniquement les entreprises soumises à l'IS qui réalisent un CAHT supérieur à 250 M€.*** Elle est calculée, en principe, sur l'IS de référence et n'est pas déductible du résultat imposable.

La contribution exceptionnelle fait l'objet d'***un acompte*** dont le montant varie en fonction du chiffre d'affaires réalisé. L'acompte doit être versé lors du paiement du dernier acompte d'IS. ***Le solde*** est versé à la date de liquidation de l'IS.

4 – bonne réponse : ❒ a

Les produits non imposables ou imposables au taux réduit des plus-values nettes à long terme doivent être neutralisés de la base de l'IS au taux normal et, pour cela, ils doivent être ***déduits extra-comptablement*** du résultat fiscal.

5 – bonne réponse : ❒ c

Pour les entreprises dont l'effectif est inférieur à 5 salariés, le seuil de déductibilité des jetons de présence est de :

457 €x Nombre d'administrateurs

6 – bonne réponse : ❒ b

Seuls les exercices clos le 31 décembre sont concernés par cette nouvelle date de liquidation de l'IS.

Pour les entreprises qui clôturent leur exercice à une date différente de celle du 31 décembre, la règle est inchangée : le solde de l'IS doit être acquitté au plus tard le 15 du quatrième mois qui suit la clôture de l'exercice.

7 – bonne réponse : ❒ d

Les plus-values à long terme réalisées sur les titres de participation de 1re catégorie ***sont exonérées sous réserve*** de la réintégration d'une quote-part de frais et charge de 12 % calculée sur le montant brut de la plus-value à long terme.

8 – bonnes réponses : ❒ a ❒ d ❒ e

Le report en arrière des déficits n'est possible, sur option, que pour les sociétés soumises à l'IS et dans la limite du bénéfice fiscal non distribué soumis à l'IS au taux normal ou au taux réduit pour les PME. Il est désormais plafonnée à 1M€. Par ailleurs, le déficit fiscal d'un exercice ne peut être imputé que sur le seul bénéfice d'imputation de l'exercice précédent.

9 – bonnes réponses : ❒ a ❒ b

Le versement de la contribution sociale sur les bénéfices (CSB) se fait en 4 acomptes trimestriels et un solde de liquidation. Les entreprises dont l'IS est inférieur à 763 000 € ne doivent pas payer la contribution sociale sur les bénéfices.

10 – bonne réponse : ❒ a

Toutes les entreprises soumises à un régime réel d'imposition sont désormais concernées par ***la télédéclaration*** de leurs résultats.

11 – bonne réponse : ❒ a

Les plus-values nettes à long terme relatives à des titres de participation de sociétés à prépondérance immobilière cotées sont imposables au taux de 19 %.

Les titres de participation de sociétés à prépondérance immobilière non cotées sont exclus du régime des plus-values à long terme et sont donc imposables au taux normal d'IS.

12 – bonne réponse : ❒ b

Il existe ***un lien de dépendance*** entre la société cédante Lio et la société cessionnaire Bio. En conséquence, ***pour les exercices clos depuis le 1er janvier 2012***, la moins-value réalisée n'est plus rattachée à l'exercice de cession. Elle sera déductible à la date correspondant à l'expiration d'un délai de 2 ans afin de la placer sous le régime du long terme au taux de 0 % ou de 19 %.

13 – bonne réponse : ❒ b

Désormais, les redevances versées par le sous-concédant, soit 8 000 €, ***sont imputées sur le résultat net perçu de la sous-concession***, soit 12 000 €. Le montant imposable au taux réduit s'élève donc à 4 000 €.

14 – bonne réponse : ❒ d

Pour les exercices clos depuis le 31 décembre 2012, le taux de la quote-part de frais et charges ***imposé au taux normal est de 12 %*** et cette quote-part est calculée sur le montant brut des plus-values à long terme.

PARTIE 3

Les impôts sur le revenu (IR)

THÈME 11

Les principes généraux de l'IR

EXERCICE 51 Foyer fiscal

Le tableau suivant présente plusieurs situations familiales :

Foyer fiscal	Composition du foyer fiscal	Nombre de parts
M. Duran et Mme Gabriel, pacsés *2 enfants : Jean, 2 ans, et Carl, 6 mois*		
Mme Votante, veuve *1 enfant de 6 ans*		
M. et Mme Hidl *4 enfants mineurs et un enfant majeur de 27 ans titulaire de la carte d'invalidité*		
Mme Ginau, célibataire *2 enfants à charge (dont un a été adopté)* *La mère de Mme Ginau, âgée de 63 ans, veuve depuis 3 ans, vit au domicile de sa fille, car elle n'a qu'un très faible revenu*		
M. Golip, divorcé *3 enfants en garde alternée* *Il vit en concubinage avec Chimène*		

■ *Déterminer pour chacune des situations familiales la composition du foyer fiscal et le nombre de parts associées.*

CORRIGÉ

La détermination du foyer fiscal et du nombre de parts associées est la première étape de calcul de l'impôt sur le revenu :

Foyer fiscal	Composition du foyer fiscal	Nombre de parts
M. Duran et Mme Gabriel, pacsés 2 enfants : Jean, 2 ans, et Carl, 6 mois	Le foyer fiscal est composé de M. Duran, de Mme Gabriel et de leurs enfants mineurs, Jean et Carl. Les charges de famille à prendre en compte sont celles au 1er janvier de l'année d'imposition.	2 + 1/2 + 1/2 = 3 parts Un couple pacsé équivaut à 2 parts. Chacun des deux premiers enfants à charge donne droit à une demi-part.
Mme Votante, veuve 1 enfant de 6 ans	Le foyer fiscal est composé de Mme Votante et de son enfant.	2,5 parts Le calcul des parts d'un foyer fiscal composé d'un veuf avec un ou plusieurs enfants à charge est identique à celle du couple marié.
M. et Mme Hidl 4 enfants mineurs et un enfant majeur de 27 ans titulaire de la carte d'invalidité	Le foyer fiscal est composé du couple marié, de leurs quatre enfants mineurs et de leur enfant titulaire de la carte d'invalidité.	2 + (1/2 x 2) + (2 x 1) + 1,5 = 6,5 parts Un couple marié représente 2 parts. Les 2 premiers enfants à charge du couple donnent droit chacun à une demi-part. À partir du troisième enfant rattaché, une part supplémentaire est décomptée par enfant. L'enfant de plus de 25 ans peut également être rattaché au foyer fiscal car il est titulaire de la carte d'invalidité : il donne droit à une part et demie.
Mme Ginau, célibataire 2 enfants à charge (dont un a été adopté) La mère de Mme Ginau, âgée de 63 ans, veuve depuis 3 ans, vit au domicile de sa fille, car elle n'a qu'un très faible revenu	Il y a deux foyers fiscaux distincts : – Mme Ginau est parent isolé, son foyer fiscal est composé d'elle-même et de ses 2 enfants à charge ; – la mère de Mme Ginau n'est pas titulaire de la carte d'invalidité ; elle constitue un foyer fiscal à elle seule, même si elle vit au domicile de sa fille.	Pour Mme Ginau : 1 + 1/2 + 1/2 + 1/2 = 2,5 parts Bonification d'une demi-part supplémentaire pour parent isolé. Pour Mme Ginau mère : 1 part

Foyer fiscal	Composition du foyer fiscal	Nombre de parts
M. Golip, divorcé *3 enfants en garde alternée* *Il vit en concubinage avec Chimène*	Il y a 2 foyers fiscaux ; en effet, les personnes en concubinage ne forment pas un foyer fiscal unique. Les parents divorcés et imposés séparément se répartissent pour moitié les parts du quotient familial correspondant à leurs enfants en garde alternée.	Pour Chimène : 1 part Pour M. Golip : 1 + 1/4 + 1/4 + 1/2 = 2 parts

EXERCICE 52 Territorialité

Plusieurs situations personnelles vous sont présentées :

A – Pascal est ingénieur, il travaille pour une durée de deux ans à Sydney. Célibataire, il s'est établi en Australie.

B – M. et Mme Gavriel sont de nationalité canadienne. Monsieur Gavriel est enseignant chercheur en France. Il travaille sur le sol français 280 jours dans l'année. Mme Gavriel est installée au Canada.

C – Jérôme est fonctionnaire au service de l'État français en délégation au Cameroun.

D – Leo, de nationalité française, est comptable ; il travaille et habite à Monaco.

■ *Préciser, pour chaque situation, si le contribuable est redevable de l'IR français.*

CORRIGÉ

Analyse de la situation de chaque contribuable :

A – Pascal est ingénieur, il travaille pour une durée de deux ans à Sydney. Célibataire, il s'est établi en Australie. Son domicile fiscal est donc en Australie car, d'après les données de l'énoncé, il n'a pas conservé en France d'intérêt économique.

B – La nationalité du contribuable n'est pas un critère pertinent pour déterminer si un contribuable est imposable à l'IR en France ou non. Il faut déterminer si le contribuable a son domicile fiscal en France au regard des critères posés par la loi. M. Gavriel est enseignant chercheur en France. Il travaille sur le sol français 280 jours dans l'année (donc plus de 183 jours). Même si Mme Gavriel est installée au Canada, on peut dire que M. Gavriel a en France son lieu de séjour principal. Sous réserve de dispositions plus favorables comprises dans une convention internationale, il est imposable en France.

C – Jérôme est fonctionnaire au service de l'État français en délégation au Cameroun. Les fonctionnaires ou agents de l'État français à l'étranger sont considérés comme ayant leur domicile fiscal en France.

D – Léo est comptable ; il travaille et habite en Principauté de Monaco. Il est de nationalité française. La Principauté de Monaco n'est pas considérée comme relevant du territoire Français au regard de l'IR. Cependant, la convention fiscale franco-monégasque prévoit que les contribuables de nationalité française qui travaillent et sont établis en Principauté de Monaco sont réputés avoir leur domicile fiscal en France et doivent donc payer l'IR en France.

THÈME 12

Les revenus du travail et les revenus mixtes

EXERCICE 53 Traitements et salaires, indemnités, pensions et rentes viagères

Le tableau suivant présente plusieurs types de revenus perçus en 2014 :

Type de revenu	Imposable	Exonéré
Pension de retraite d'un ancien comptable		
Pension d'invalidité servie par un organisme de Sécurité sociale		
Pension alimentaire perçue en vertu d'une décision de justice		
Majoration de pension de retraite perçue par une personne ayant élevé au moins 3 enfants		
Indemnité de départ à la retraite à l'initiative du salarié d'un montant de 5 000 €		
Remise gratuite d'un ordinateur portable totalement amorti par l'employeur		
Pension alimentaire perçue par des enfants de la part de leurs parents		
Salaire d'un apprenti		
Heures supplémentaires (HS) effectuées en octobre 2014		

Type de revenu	Imposable	Exonéré
3 500 € perçu par un jeune de 23 ans pour une activité ayant eu lieu au cours de ses vacances universitaires		
Indemnités journalières de maternité		
Indemnités journalières pour accident du travail		
Revenu de solidarité active perçu par un célibataire de 28 ans		
Gratifications versées à un étudiant lors d'un stage obligatoire en entreprise		

- *Indiquer pour chaque revenu mentionné s'il est imposable à l'impôt sur le revenu ou s'il est exonéré.*

CORRIGÉ

Type de revenu	Imposable	Exonéré
Pension de retraite d'un ancien comptable	OUI	
Pension d'invalidité servie par un organisme de Sécurité sociale	OUI	
Pension alimentaire perçue en vertu d'une décision de justice	OUI	
Majoration de pension de retraite perçue par une personne ayant élevé au moins 3 enfants	OUI depuis l'IR 2013	
Indemnité de départ à la retraite à l'initiative du salarié d'un montant de 5 000 €	OUI	
Remise gratuite d'un ordinateur portable totalement amorti par l'employeur		OUI Dans la limite de 2 000 € par salarié
Pension alimentaire perçue par des enfants de la part de leurs parents	OUI	
Salaire d'un apprenti		OUI Dans la limite du SMIC annuel, soit 17 345 € pour 2014

Type de revenu	Imposable	Exonéré
Heures supplémentaires (HS) effectuées en octobre 2014	OUI	
3 500 € perçu par un jeune de 23 ans pour une activité ayant eu lieu au cours de ses vacances universitaires		OUI Dans la limite annuelle de 3 fois le SMIC mensuel (4 336 €pour 2014)
Indemnités journalières de maternité	OUI	
Indemnités journalières pour accident du travail		OUI mais pour 50 % de leur montant
Revenu de solidarité active perçu par un célibataire de 28 ans		OUI
Gratifications versées à un étudiant lors d'un stage obligatoire en entreprise		OUI Dans la limite du SMIC annuel, soit 17 345 €pour 2014

EXERCICE 54 Traitements et salaires : frais réels

Germaine et Denis Pasco sont mariés. Ils n'ont pas d'enfant. Ils vous interrogent afin de savoir s'ils ont intérêt à opter pour les frais réels ou, au contraire, pour la déduction forfaitaire de 10 %.

En ce qui concerne les frais de déplacement entre leur domicile et leur lieu de travail, ils ont l'intention d'utiliser le barème kilométrique publié par l'administration fiscale dans l'hypothèse de l'option pour les frais réels.

Germaine Pasco	*Professeur de collège* *Salaire net imposable mensuel : 2 500 €* *Frais réels envisageables : habite à 5 km de son lieu de travail* *Achat de livres et photocopies (conserve les factures) : 300 €* *Achat d'un ordinateur portable : 699 €. Par ailleurs, une imprimante de 100 €a été acquise au cours de l'année* *L'école dispose d'une cantine* *Germaine travaille 36 semaines dans l'année, du lundi au jeudi*

Denis Pasco	*Directeur de magasin* *Salaire net imposable mensuel : 2 800 €* *Frais réels envisageables : habite à 25 km de son lieu de travail* *Le magasin dispose d'un restaurant d'entreprise* *Denis travaille 46 semaines dans l'année, du lundi au samedi*

Le barème kilométrique 2014 fourni par l'administration fiscale est le suivant :

Puissance fiscale	Jusqu'à 5 000 km	De 5 001 à 20 000 km	Au-delà de 20 000 km
3 CV	*d x 0,408 €*	*(d x 0,244 €) + 825 €*	*d x 0,285 €*
4 CV	*d x 0,491 €*	*(d x 0,276 €) + 1 071 €*	*d x 0,330 €*
5 CV	*d x 0,540 €*	*(d x 0,302 €) + 1 189 €*	*d x 0,362 €*
6 CV	*d x 0,565 €*	*(d x 0,319 €) + 1 233 €*	*d x 0,380 €*
7 CV et plus	*d x 0,592 €*	*(d x 0,335 €) + 1 288 €*	*d x 0,4 €*
d = distance parcourue à titre professionnel			

Denis est propriétaire d'un véhicule dont la puissance fiscale est de 7 CV et Germaine est propriétaire d'un véhicule dont la puissance fiscale est de 9 CV.

■ *Déterminer la solution la plus avantageuse pour le couple.*

CORRIGÉ

Chaque contribuable a le choix entre déduire de son revenu les frais réellement engagés pour l'obtention ou la conservation de son revenu ou bien un forfait de 10 % du revenu imposable. Le choix peut être différent pour chacun des membres du foyer fiscal. L'option pour les frais réels n'est donc intéressante qu'à la seule condition que les frais professionnels réellement engagés dépassent 10 % du revenu net imposable.

La déduction des frais de transport est admise par l'administration fiscale ***sans justification particulière*** si la distance entre le domicile et le lieu de travail n'excède pas 40 km et dans la limite d'un aller-retour quotidien. Au-delà, le fisc demandera au contribuable de pouvoir justifier son éloignement (circonstance particulière liée à son emploi ou contraintes familiales).

Par ailleurs, le barème kilométrique est plafonné à une puissance fiscale du véhicule à 7 CV.

1 – Le calcul des frais réels

Pour Denis, il est possible de déduire :

25 x 2 x 46 semaines x 6 jours de déplacement dans la semaine = 13 800 km

soit, une déduction de :

(13 800 x 0,335) + 1 288 = 5 911 €

Denis bénéficie d'un restaurant d'entreprise, il ne peut pas déduire le coût des repas pris le midi au titre des frais réels. Il en est de même pour Germaine qui bénéficie d'une cantine.

Pour Germaine, il est possible de déduire :

5 x 2 x 36 x 4 jours de déplacement dans la semaine = 1 440 km

soit, une déduction plafonné à 7 CV de :

1 440 x 0,592 = 852,48 €arrondis à 853 €

Elle peut en outre déduire l'amortissement de l'ordinateur sur 3 ans soit :

699 / 3 = 233 €

On considère par hypothèse que l'ordinateur et l'imprimante sont utilisés exclusivement à des fins professionnelles. L'imprimante est entièrement déductible sur une année car sa valeur unitaire hors taxes n'excède pas 500 €.

2 – Tableau comparatif

Éléments	Denis Pasco		Germaine Pasco	
	Déduction forfaitaire	**Option frais réels**	**Déduction forfaitaire**	**Option frais réels**
Salaire net imposable annuel	2 800 x 12 = 33 600 €	2 800 x 12 = 33 600 €	2 500 x 12 = 30 000 €	2 500 x 12 = 30 000 €
Frais professionnels	33 600 x 10 % = 3 360 €	Frais de déplacement au barême kilométrique : 5 911 € Soit un total de : 5 911 €	30 000 x 10 % = 3 000 €	Frais de déplacement, barème kilométrique : 853 € Amortissement de l'ordinateur sur 3 ans : 233 € Imprimante : 100 € Livres, photocopies : 300 € Soit un total de : 1 486 €
Revenu net imposable	**30 240 €**	**27 689 €**	**27 000 €**	**28 514 €**

En conclusion, il est plus avantageux pour Denis d'opter pour la déduction des frais réels. Mais Germaine a intérêt à bénéficier de la déduction forfaitaire de 10 % car ses frais réels lui sont inférieurs.

THÈME 13

Les revenus du capital

EXERCICE 55 Revenus fonciers

La situation de deux propriétaires vous est communiquée :

A – Gilles Durbec est propriétaire d'un T2 à Mandelieu. Ce logement est mis à la location. Le loyer annuel perçu est de 7 200 € ;

B – Cathy Silly est propriétaire d'une maison individuelle à Laon. Ce logement est mis à la location. Le loyer mensuel perçu est de 1 000 €. Elle dispose également d'un chalet à Voreppe qu'elle met en location pour un loyer mensuel de 1 750 €.

Les dépenses suivantes ont été engagées au cours de l'année N :

- *taxes foncières : 900 € pour la maison de Laon et 1 000 € pour le chalet de Voreppe ;*
- *prime d'assurance pour risque d'impayé : uniquement pour le chalet pour 400 € ;*
- *prime d'assurance de gestion : 300 € pour la maison de Laon et 250 € pour le chalet ;*
- *intérêts pour l'emprunt contracté il y a cinq ans pour le financement du chalet : 9 800 € ;*
- *frais divers pour la maison de Laon (correspondance, communications téléphoniques...) : 75 € ;*
- *réfection de l'installation électrique : 6 000 € et traitement du bois contre les parasites : 1 500 € pour le chalet.*

Par ailleurs, Cathy Silly a constaté un déficit foncier en N – 1 de 11 500 €. Il n'a été imputé sur le revenu global N – 1 qu'à hauteur de 10 700 €.

■ *Calculer pour chacune des situations décrites le montant des revenus fonciers imposables.*

CORRIGÉ

1 – La détermination du revenu brut foncier

a) Gilles Durbec

Le montant des revenus bruts fonciers correspond à 7 200 €.

Ce dernier perçoit des revenus bruts fonciers d'un montant inférieur à 15 000 €, il est donc soumis au ***régime du micro-foncier***.

b) Cathy Silly

Le montant de ses revenus bruts fonciers est de :

(1 000 x 12) + (1 750 x 12) = 33 000 €

Le régime applicable est le ***régime du réel*** (revenus bruts fonciers supérieurs à 15 000 €).

2 – La détermination du revenu net foncier

a) Gilles Durbec

Un abattement de 30 % est appliqué sur les revenus fonciers à l'exception de toute autre déduction.

Les revenus fonciers imposables sont donc de :

7 200 – (7 200 x 30 %) = 5 040 €

b) Cathy Silly

Le revenu net foncier est égal :

Revenu brut foncier – Charges déductibles

Le détail des calculs est exposé dans le tableau présenté page ci-contre :

Éléments	Commentaires	Maison Laon	Chalet Voreppe
Revenu brut foncier		12 000	21 000
Détail des charges déductibles			
Taxes foncières	Les taxes foncières doivent être prises en compte dans les charges déductibles.	900	1 000
Primes d'assurance	Les primes d'assurance doivent être prises en compte dans les charges déductibles. Cependant, si le contribuable opte pour le crédit d'impôt pour assurance contre les impayés de loyer, les primes d'assurance correspondantes ne sont pas déductibles du revenu foncier. En l'absence de précisions supplémentaires de l'énoncé, nous considérons que Cathy n'a pas opté pour le crédit d'impôt.	300	650 (400 + 250)
Intérêts d'emprunt	Les intérêts de l'emprunt contracté doivent être pris en compte dans les charges.		9 800
Frais de gestion courante	Les frais de gestion courante (frais de correspondance, téléphone…) bénéficient d'un forfait de 20 € par local. Les frais réellement engagés à ce titre ne sont pas déductibles. Le forfait s'applique indépendamment d'une justification des frais engagés à ce titre.	20	20
Réfection de l'installation électrique et traitement du bois	Les travaux de rénovation doivent être pris en compte dans les charges.		7 500 (6 000 + 1 500)
Total des charges déductibles		1 220	18 970
Revenus fonciers		**10 780**	**2 030**

Le revenu foncier N de Cathy s'élève à :

10 780 + 2 030 = 12 810 €

La fraction de déficit N – 1 excédant 10 700 €, soit 800 €, ***s'impute*** sur le revenu foncier de N.

Le revenu net foncier de N est donc de :

12 810 – 800 = 12 010 €

EXERCICE 56 RCM : placements à revenus variables et placements à revenus fixes

Mme et M. Madeline sont propriétaires d'un portefeuille d'actions et d'un portefeuille d'obligations. Ils ont perçu au cours de l'année 2014 les revenus suivants :

- *des dividendes de sociétés françaises : 9 000 € (montant brut). Les frais de tenue de portefeuille pour l'année s'élèvent à 130 €;*
- *des intérêts des obligations de source française : 3 000 € (montant brut). Les frais de tenue du portefeuille pour l'année s'élèvent à 42 €*
- *en outre, M. Madeline est membre du conseil de surveillance de la SA Digitop. À ce titre, il perçoit des jetons de présence de 1 700 € (montant brut) ;*
- *Mme Madeline est titulaire d'un livret A de la Caisse d'épargne, au titre duquel, des intérêts d'un montant de 270 € ont été perçus.*

Mme et M. Madeline ne sont pas dispensés des prélèvements libératoires.

- *Calculer les montants nets perçus.*
- *Calculer le montant imposable au titre des revenus de capitaux mobiliers pour l'IR 2014 payé en 2015.*

CORRIGÉ

1 – Le calcul des montants nets perçus

a) Les dividendes

Ils font l'objet d'un prélèvement obligatoire de 21 % et des prélèvements sociaux de 15,5 % opérés à la source :

– prélèvement obligatoire :

9 000 x 21 % = 1 890 €

– prélèvements sociaux :

9 000 x 15,5 % = 1 395 €

– montant net perçu : :

9 000 – (1 890 + 1 395) = 5 715 €

b) Les intérêts des obligations

Ils font l'objet d'un prélèvement obligatoire de 24 % et des prélèvements sociaux de 15,5 % opérés à la source :

– prélèvement obligatoire :

3 000 x 24 % = 720 €

– prélèvements sociaux :

3 000 x 15,5 % = 465 €

– montant net perçu : :

3 000 – (720 + 465) = 1 815 €

c) Les jetons de présence

Ils font l'objet d'un prélèvement obligatoire de 21 % et des prélèvements sociaux de 15,5 % opérés à la source :

– prélèvement obligatoire :

1 700 x 21 % = 357 €

– prélèvements sociaux :

1 700 x 15,5 % = 263,50 €

– montant net perçu :

1 700 – (357 + 263,50) = 1 079,50 €

d) Les intérêts du livret A

Ils sont exonérés d'IR et des prélèvements sociaux.

De ce fait, le montant perçu est de 270 €.

2 – Le revenu net imposable au titre des RCM

a) Les revenus de placement à revenu variable

Les dividendes bénéficient d'un abattement de 40 % calculé sur le montant brut.

Les jetons de présence ordinaires en sont exclus et sont imposés sur 100 % de leur montant.

– base d'imposition des dividendes :

9 000 x 60 % = 5 400 €

– charges déductibles sur dividendes (frais de garde) : 130 €

– déduction de la CSG sur dividendes :

9 000 x 5,1 % = 459 €

– base d'imposition des jetons de présence : 1 700 €

– déduction de la CSG sur jetons de présence :

1 700 x 5,1 % = 86,70 €

b) Les revenus de placement à revenu fixe

Aucun abattement n'est pratiqué :

– base d'imposition des intérêts des obligations : 3 000 €

– charges déductibles sur intérêts (frais de garde) : 42 €

– déduction de la CSG :

3 000 x 5,1 % = 153 €

c) Le revenu net imposable

Il s'élève à :

(5 400 + 1 700 + 3 000) – (130 + 42 + 459 + 86,70 + 153) = 9 402,70 €soit : 9 403 €

Mais attention, les revenus à déclarer sont les revenus hors abattement car c'est l'administration qui calcule l'abattement.

Les prélèvements obligatoires s'imputeront, sous la forme d'un crédit d'impôt, sur l'impôt dû ; l'éventuel l'excédent sera restitué.

EXERCICE 57 Plus-values sur valeurs mobilières et droits sociaux

Les deux situations suivantes vous sont communiquées :

1 - Albert Philip a été licencié au cours de l'année 2014. Afin de subvenir à ses besoins, il a cédé une partie de ses actions détenues dans une même société.

Le montant de la cession réaliséesen 2014 s'élève à 38 000 €. La valeur d'acquisition des actions cédées était de 26 000 €. Elles ont toutes été acquises à la constitution de la société.

- *Calculer le montant de la plus-value nette imposable au barème progressif de l'impôt sur le revenu et le montant des prélèvements sociaux.*
- *Préciser si une fraction de la CSG est déductible ou non.*

2 - Madeleine Lerun, dirigeante d'une PME, part à la retraite en 2014.

Lors de la cession des titres de son entreprise, elle a réalisé une plus-value de 900 000 € Elle remplit les conditions pour bénéficier des abattements réservé aux dirigeants de PME partant à la retraite. Elle a détenu les titres de son entreprise pendant 9 ans.

- *Calculer le montant de la plus-value nette imposable au barème progressif de l'impôt sur le revenu.*

- *Calculer le montant des prélèvements sociaux acquittés en 2015 et le montant de la CSG déductible du revenu global de 2015.*

CORRIGÉ

1 – Le cas Albert Philip

a) Le montant de la plus-value nette imposable et le montant des prélèvements sociaux

– durée de détention : 13 ans

– taux d'abattement de droit commun : 65 % puisque les titres ont été détenus au moins 8 ans

– plus-value nette imposable avant abattement :

38 000 – 26 000 = 12 000 €

– plus-value nette imposable après abattement soumise au barème progressif de l'IR :

12 000 x (12 000 x 65 %) = 4 200 €

– montant des prélèvements sociaux acquittés en 2015 : ils sont calculés sur la plus-value avant abattement :

12 000 x 15,5 % = 1 860 €

b) La fraction de la CSG déductible

La plus-value étant imposée au barème progressif de l'IR, une fraction de la CSG égale à 5,1 % est déductible du revenu global de 2015 :

12 000 x 5,1 % = 612 €

2 – Le cas Madeleine Lerun

a) Le montant de la plus-value nette imposable

Mme Madeleine Lerun bénéficie, en tant que dirigeante de PME partant à la retraite, d'un ***abattement fixe forfaitaire de 500 000 €*** sur la plus-value nette globale ainsi que ***d'un abattement renforcé de 85 %*** sur le surplus puisque les titres ont été détenus au moins 8 ans.

La plus-value nette imposable au barème progressif de l'IR est de :

900 000 – 500 000 – (400 000 x 85 %) = 60 000 €

b) Le montant des prélèvements sociaux acquittés en 2015 et le montant de la CSG déductible du revenu global de 2015

– montant des prélèvements sociaux :

Ils sont calculés sur la plus-value avant abattements :

900 000 x 15,5 % =139 500 €

– montant de la CSG déductible :

La fraction déductible de la CSG est limitée à la plus-value imposable après abattement de 500 000 €, soit :

400 000 x 5,1 % = 20 400 €

EXERCICE 58 Plus-values immobilières et sur biens meubles des particuliers

Jeanine Ducoin a cédé le 18 octobre 2015 une villa dont elle était propriétaire, située sur la côte sauvage, dans le Morbihan.

Il ne s'agit pas de sa résidence principale dont elle est propriétaire.

Cette villa cédée pour 1 000 000 € (des frais de cession de 60 000 € ont été supportés par Mme Ducoin) avait été acquise le 14 juin 2009 pour 600 000 €. Les frais d'acquisition supportés étaient de 50 000 €.

Différents travaux ont été réalisés sur cette villa, mais Mme Ducoin n'a conservé aucun justificatif.

Par ailleurs, elle a cédé au cours de l'année 2015 une armoire d'époque Louis XVIII pour un prix de 52 000 €.

Cette armoire avait été acquise en 2013 pour un prix de 40 000 €. Les frais d'acquisition liés à ce bien étaient de 500 €. Mme Ducoin a engagé des frais de remise en état pour 550 €.

- *Calculer le montant de l'impôt relatif à la plus-value réalisée sur la cession de la villa.*
- *Calculer le montant de l'impôt relatif à la plus-value réalisée sur la cession de l'armoire.*

CORRIGÉ

1 – Le calcul de l'impôt pour la plus-value réalisée sur la cession de la villa

Il s'agit de la cession d'un immeuble bâti. La plus-value réalisée sur la cession de ce bien n'est pas exonérée (il ne s'agit pas de la résidence principale de madame Ducoin et l'immeuble n'est pas détenu depuis plus de 22 ans).

a) La détermination de la plus-value brute

– prix de cession net des frais de vente :

1 000 000 – 60 000 = 940 000 €

– prix de revient global :

Prix d'acquisition	600 000
Frais d'acquisition réels (plus avantageux que le taux forfaitaire de 7,5 %)	+ 50 000
Travaux au taux forfaitaire de 15 % (applicable sans justificatif)	+ 90 000
Total	= 740 000

– plus-value brute :

940 000 – 740 000 = 200 000 €

b) Le calcul de la plus-value nette imposable à l'IR

Il convient d'appliquer à la plus-value brute l'abattement pour durée de détention spécifique à l'IR :

– nombre d'années de détention au-delà de la 5e : 1

– abattement :

200 000 x (6 % x 1) = 12 000 €

– plus-value nette imposable :

200 000 – 12 000 = 188 000 €

– impôt sur le revenu :

188 000 x 19 % = 35 720 €

Le montant de la plus-value imposable est supérieur à 50 000 €. En conséquence, Madame Ducoin est redevable de la surtaxe sur les plus-values immobilières (hors terrain à bâtir) d'après le barème ci-dessous :

Fraction de la plus-value imposable	Détermination de la taxe
de 50 001 € à 60 000 €	2 % PV – (60 000 – PV) x 1/20
de 60 001 € à 100 000 €	2 % PV
de 100 001 € à 110 000 €	3 % PV – (110 000 – PV) x 1/10
de 110 001 € à 150 000 €	3 % PV
de 150 001 € à 160 000 €	4 % PV – (160 000 – PV) x 15/100
de 160 001 € à 200 000 €	4 % PV
de 200 001 € à 210 000 €	5 % PV – (210 000 – PV) x 20/100
de 210 001 € à 250 000 €	5 % PV
de 250 001 € à 260 000 €	6 % PV – (260 000 – PV) x 25/100
> 260 000 €	6 % PV

En application du barème, la surtaxe est égale à :

188 000 x 4 % = 7 520 €

c) Le calcul de la plus-value nette imposable aux prélèvements sociaux

Il convient d'appliquer à la plus-value brute l'abattement pour durée de détention spécifique aux prélèvements sociaux :

– nombre d'années de détention au-delà de la 5e : 1

– abattement :

200 000 x (1,65 % x 1) = 3 300 €

– plus-value nette imposable :

200 000 – 3 300 = 196 700 €

– prélèvements sociaux :

196 700 x 15,5 % = 30 488,50 € arrondis à 30 489 €

La CSG n'est pas déductible.

2 – Le calcul de l'impôt pour la plus-value réalisée sur la cession de l'armoire

Il s'agit de la cession d'un bien meuble. L'armoire cédée peut être considérée comme un objet d'antiquité. Elle ne rentre pas dans la liste des biens dont la cession est exonérée.

a) La détermination de la plus-value brute

Elle est égale à :

Prix de cession		52 000
Prix d'acquisition + Frais d'acquisition + Frais de remise en état (40 000 + 500 + 550)	–	41 050
Total	=	10 950

b) Le calcul de la plus-value nette imposable

Les plus-values sur cession de biens meubles font l'objet d'un abattement de 5 % pour chaque année de détention au-delà de la 2e année.

Le bien ayant été détenu moins de 2 ans, aucun abattement n'est applicable. La plus-value imposable est donc de 10 950 €.

c) Le calcul de l'impôt

La plus-value est imposée au taux forfaitaire de 19 % majoré des prélèvements sociaux de 15,5 %, soit :

10 950 x 34,5 % = 3 777,75 € arrondis à 3 778 €

La CSG n'est pas déductible.

THÈME 14

Le calcul de l'IR

Afin d'effectuer les exercices, ***le barème de l'impôt sur le revenu de 2013*** vous est fourni :

Valeur du quotient R/N	Taux	Montant de l'impôt brut (I)
N'excédant pas 9 690 €	0 %	I = 0
Comprise entre 9 691 € et 26 764 €	14 %	I = (R x 0,14) – (1 356,60 x N)
Comprise entre 26 765 € et 71 754 €	30 %	I = (R x 0,30) – (5 638,84 x N)
Comprise entre 71 755 € et 151 956 €	41 %	I = (R x 0,41) – (13 531,78 x N)
Supérieure à 151 956 €	45 %	I = (R x 0,45) – (19 610,02 x N)

R : revenu imposable et **N** : nombre de parts

EXERCICE 59 Calcul simple sur l'IR

Mme Zia, voyante, reçoit en consultation. Ses recettes brutes en N se sont élevées à 24 980 €. Elle supporte des frais de documentation, des frais de téléphone, de courrier, de déplacement à des séminaires pour un montant total de 3 980 €, ainsi que la location de son bureau à Tours pour 6 700 €. Elle a donné également des cours d'astrologie au sein d'une association, qui lui a versé une rémunération de 3 771 € et elle bénéficie sur ce montant de la déduction forfaitaire légale.

Mme Zia possède une villa meublée à Malaga qu'elle a loué au cours de l'été N pour 2 150 €. L'agence qui s'occupe de tout sur place lui a facturé 582 € TTC d'honoraires.

■ *Déterminer :*

- *les catégories de revenus perçus par Mme Zia et, lorsque cela est possible, le régime d'imposition applicable ;*

– le revenu net global de Mme Zia ;
– son impôt sachant qu'elle est célibataire sans enfant à charge.

CORRIGÉ

1 – Les catégories de revenus perçus par Mme Zia

Origine des revenus	Catégories	Montant revenu net
Consultations de voyance	**BNC** Régime micro-BNC car les recettes brutes annuelles n'excèdent pas 32 900 € HT pour 2014	Brut : 24 980 € Abattement forfaitaire de 34 % soit : 24 980 – (24 980 x 34 %) = 16 486,8 arrondis à 16 487 €
Cours d'astrologie	**Traitements et salaires**	Brut : 3 771 € Déduction forfaitaire de 10 % soit : 377 € mais la déduction forfaitaire de 10 % ne peut pas être < 426 € Revenu net : 3 371 – 426 = 2 945 €
Location appartement meublé	**BIC** Régime du micro-BIC car les recettes brutes annuelles n'excèdent pas 32 900 € HT pour 2014	Brut : 2 150 € Abattement de 50 % pour une activité de loueur en meublé soit : 2 150 – (2 150 x 50 %) = 1 075 €

2 – Le revenu net global imposable et l'impôt à payer

Le revenu net global est donc de :

16 487 + 2 945 + 1 075 = 20 507 €

Pour calculer l'impôt dû par Mme Zia, il faut déterminer son quotient familial. Elle est célibataire sans enfant : elle bénéficie donc d'une part.

Le quotient familial est de : 20 507 / 1 = 20 507 €

L'impôt à payer est ainsi de :

(R x 0,14) – (1 356,60 x N) = (20 507 x 0,14) – (1 356,60 x 1) = 1 514,38 €
arrondi à 1 514 €

EXERCICE 60 Synthèse sur la détermination de l'IR

Mme et M. Favre sont mariés. Ils ont deux enfants : Lyne et Pierre.

M. Favre est directeur commercial de la SARL Manka.

Mme Favre est agricultrice. Elle exploite des champs de choux-fleurs. Elle a réalisé au cours des deux années précédentes des recettes de 130 000 € TTC de recettes, elle est adhérente à un CGA.

Lyne 20 ans est étudiante, elle a travaillé pendant ses vacances. Pierre est au collège.

La déclaration fiscale du foyer sera élaborée à partir des éléments suivants :

- *traitements et salaires : M. Favre : 60 000 €, frais réels : 4 500 € ; Lyne : 1 400 € ;*
- *Bénéfices agricoles (BA) : Mme Favre, déficit agricole : 40 000 € ;*
- *Revenus de capitaux mobiliers (RCM) : dividendes d'actions françaises : 5 200 € ;*
- *Revenus fonciers (RF) : déficit : 4 000 € (dont 1 500 € relatifs à des intérêts d'emprunt) ;*
- *Charges : une pension alimentaire est versée à l'ex-épouse de M. Favre en vertu d'une décision de justice : 500 € par mois (pension fixée en 1977).*

■ *Déterminer l'impôt sur le revenu du foyer sachant que M. et Mme Favre remplissent les conditions pour être dispensés du prélèvement obligatoire au titre des RCM.*

CORRIGÉ

1 – La composition du foyer fiscal et le nombre de parts

Le foyer fiscal est composé du couple et de leurs deux enfants, soit :

2 + 1/2 + 1/2 = 3 parts

2 – La détermination du revenu net global imposable

Revenus	Montant imposable	Commentaires
Salaires de M. Favre	54 000 €	Déduction forfaitaire pour frais réels de 10 % : 60 000 x 10 % = 6 000 € Ici, le montant des frais réellement engagés est inférieur à 10 %, il est donc plus judicieux de bénéficier de la déduction forfaitaire de 10 %.

Revenus	Montant imposable	Commentaires
Salaire Lyne	Exonéré	Les salaires perçus par Lyne sont exonérés (1 400 €) ; en effet, les salaires versés aux jeunes de moins de 26 ans, en rémunération d'une activité exercée par des collégiens, des lycéens ou des étudiants au cours de leurs congés scolaires ou universitaires, sont exonérés dans la limite annuelle de 3 fois le SMIC mensuel, soit 4 336 €.
BA	(40 000 €)	Le déficit agricole est imputable sur le revenu global si les revenus d'autres sources n'excèdent pas 107 610 € ; dans le cas contraire, il serait imputable sur les BA des années suivantes jusqu'à la sixième année incluse.
RCM	3 120 €	Les dividendes d'actions françaises sont des distributions ouvrant droit à l'abattement de 40 %. Est imposable : (5 200 x 60 %) = 3 120 € Les prélèvements sociaux au taux de 15,5 % ont été prélevés à la source en même temps que le prélèvement obligatoire de 21 %.
RF	(2 500 €) imputable sur le revenu net global et (1 500 €) imputable sur les RF des 10 années suivantes	La fraction du déficit résultant des charges autres que les intérêts d'emprunt est imputable sur le revenu global du contribuable dans la limite de 10 700 € par an. La fraction supérieure à ce montant et les intérêts d'emprunt sont imputables uniquement sur les RF des 10 années suivantes.

3 – Le quotient familial et le taux d'imposition

Le revenu brut global du foyer est de :

54 000 – 40 000 + 3 120 – 2 500 = 14 620 €

Le revenu provenant des sources autres que les bénéfices agricoles représentant moins de 107 610 €, ***le déficit agricole*** peut s'imputer sur le revenu global. ***Le déficit foncier*** peut également s'imputer sur le revenu global à hauteur de ce qui ne provient pas des intérêts d'emprunt, soit 2 500 €

Il convient de retrancher à ce montant les charges déductibles :

- la pension alimentaire versée à l'ex-épouse de M. Favre. Cette charge doit être ***majorée de 25 % car elle résulte d'une décision de justice*** (coefficient de 1,25), soit une charge déductible du revenu brut global de :

  (500 x 12) x 1,25 = 7 500 €

- la CSG à hauteur de 5,1 % sur les revenus distribués (dividendes) perçus en 2014, soit une charge déductible du revenu brut global de :

  5 200 x 5,1 %= 265 €

Le revenu net global est de :

14 620 – (7 500 + 265) = 6 855 €

Il est égal au revenu net imposable puisque le contribuable ne bénéficie pas d'abattements spéciaux.

Quotient familial :

6 855 / 3 = 2 285 €

Le quotient familial étant inférieur à la limite de la première tranche du barème fiscal de l'impôt sur le revenu (9 690 €), le foyer fiscal est non imposable.

EXERCICE 61 Calcul de l'impôt à payer

M. et Mme Bourdier mariés, 2 enfants mineurs (un collégien et un lycéen) déclarent un revenu net global imposable de 125 400 €

Ils emploient un jardinier quelques heures par mois et bénéficient à ce titre d'un crédit d'impôt. Les sommes versées en 2013 s'élèvent à 2 800 €

■ *Calculer l'impôt brut et l'impôt à payer.*

CORRIGÉ

1 – Le calcul de l'impôt brut

Nombre de parts : 2 + 0,5 + 0,5 = 3

a) Impôt brut sans tenir compte du plafonnement du quotient familial

Quotient familial : 125 400 / 3 = 41 800 €

Impôt brut pour une part d'après le barème :

17 074	x	14 % =	2 390,00
15 030	x	30 % =	4 510,80
			6 900,80

Impôt brut pour 3 parts (I_1) :

6 900,80 x 3 = 20 702,40 €

b) Impôt brut en tenant compte du plafonnement du quotient familial

Quotient familial :

125 400 / 2 = 62 700 €

Impôt brut pour une part d'après le barème :

17 074	x	14 %	=	2 390,00
35 936	x	30 %	=	10 780,80
				13 170,80

Impôt brut pour 2 parts (I_2) :

13 170,80 x 2 = 26 341,60 €

Différence entre I_2 et I_1 :

26 341,60 – 20 702,40 = 5 639,20 €

Réduction maximale des deux demi-parts plafonnées :

1 508 x 2 = 3 016 €

Cette réduction est retenue pour le calcul de l'impôt brut.

Impôt brut :

26 341,60 – 3 016 = 23 325,60 arrondis à 23 326 €

2 – Le calcul de l'impôt à payer

Mme et M. Bourdier bénéficient d'une ***réduction d'impôt pour frais de scolarité*** pour chacun de leurs enfants :

– 61 €pour l'enfant au collège ;

– 153 €pour le jeune qui est au lycée ;

soit une réduction globale de 214 €.

Par ailleurs, ils bénéficient également d'un ***crédit d'impôt de 50 % sur les sommes versées au titre de l'emploi d'un salarié à domicile***, soit :

2 800 x 50 % = 1 400 €

L'impôt à payer est égal à :

23 326 – 214 – 1 400 = 21 712 €

Les contributions sociales

EXERCICE 62 Contributions sociales

Le tableau présenté ci-dessous et page suivante comprend différents types de revenus :

Types de revenus	CSG	CRDS	Prélèvement social, sa contribution additionnelle et prélèvement de solidarité
Rémunération d'un apprenti			
Plus-values sur cession de valeurs mobilières			
Intérêts des plans d'épargne logement de plus de 10 ans			
Intérêts des livrets A			
Revenus fonciers			
Allocations de chômage			
Pensions de retraite			
Allocations familiales			

Types de revenus	CSG	CRDS	Prélèvement social, sa contribution additionnelle et prélèvement de solidarité
Dividendes			
Jetons de présence ordinaires			

■ *Compléter le tableau en mentionnant les revenus soumis aux différents prélèvements sociaux.*

CORRIGÉ

Le prélèvement social et sa contribution additionnelle de 0,30 % sont destinés aux Caisses nationales d'allocations familiales et d'assurance vieillesse.

Le prélèvement de solidarité est destiné au financement du Fonds national des solidarités actives et du Fonds national d'aide au logement.

Ces trois prélèvements s'appliquent aux revenus du patrimoine, aux revenus de placement et aux revenus de l'épargne.

Le régime des différents revenus présentés au regard des prélèvements sociaux est examiné dans le tableau ci-dessous :

Types de revenus	CSG	CRDS	Prélèvement social, sa contribution additionnelle et prélèvement de solidarité
Rémunération d'un apprenti	Exonérée	Exonérée	Exonérée
Plus-values sur cession de valeurs mobilières	Soumises	Soumises	Soumises
Intérêts des plans d'épargne logement de plus de 10 ans	Soumis	Soumis	Soumis
Intérêts des livrets A	Exonérés	Exonérés	Exonérés
Revenus fonciers	Soumis	Soumis	Soumis

Types de revenus	CSG	CRDS	Prélèvement social, sa contribution additionnelle et prélèvement de solidarité
Allocations de chômage	Soumises	Soumises	Exonérées
Pensions de retraite	Soumises	Soumises	Exonérées
Allocations familiales	Exonérées	Soumises	Exonérées
Dividendes	Soumis	Soumis	Soumis
Jetons de présence ordinaires	Soumis	Soumis	Soumis

EXERCICE 63 Différentes contributions sociales

Le tableau présenté page ci-dessous et page suivante vous propose différentes sources de revenus perçus en 2014 et en 2015 :

Revenus	Calculs et justifications	Montant des prélèvements sociaux
Germain est avocat. Il a perçu en 2014 des honoraires de 44 000 €		
Daniel a perçu en 2014 des revenus fonciers pour 20 000 €		
Dominique a perçu en mai 2014 des dividendes d'actions pour 3 000 €		

Revenus	Calculs et justifications	Montant des prélèvements sociaux
Alain perçoit en 2015 une pension de retraite pour un montant net de 2 300 € (3 000 € brut) par mois		
Charlène perçoit en 2015 un salaire net mensuel de 3 200 € (4 500 € brut)		
En 2014, Enzo a perçu 2 800 € au titre de la participation des salariés aux résultats de l'entreprise		

■ *Calculer le montant des prélèvements sociaux dû sur chaque source de revenu en complétant le tableau.*

CORRIGÉ

Les calculs des prélèvements sociaux sont présentés dans le tableau suivant :

Revenus	Calculs et justifications	Montant des prélèvements sociaux
Germain est avocat. Il a perçu en 2014 des honoraires de 44 000 €	La CSG et la CRDS ***sont dues sur les revenus*** d'activité et de remplacement. Elles s'appliquent sur les BNC perçus par Germain. Le taux de la CSG est 7,50 % ; pour la CRDS il est de 0,50 %. Le prélèvement social, sa contribution additionnelle et le prélèvement de solidarité ne s'appliquent pas aux revenus d'activité.	3 300 € pour la CSG 220 € pour la CRDS

Revenus	Calculs et justifications	Montant des prélèvements sociaux
Daniel a perçu en 2014 des revenus fonciers pour 20 000 €	Le taux de la CSG sur les revenus du capital est de 8,20 %. Le taux de la CRDS est de 0,5 %. Le prélèvement social, sa contribution additionnelle et le prélèvement de solidarité s'appliquent aux revenus du patrimoine de 2014, déclarés en 2015 au taux global de 6,80 %.	1 640 € pour la CSG 100 € pour la CRDS 1 360 € pour le prélèvement social, sa contribution additionnelle et le prélèvement de solidarité
Dominique a perçu en mai 2014 des dividendes d'actions pour 3 000 €	Le taux de la CSG sur les revenus du capital est de 8,20 %. Le taux de la CRDS est de 0,5 %. À noter : aucun abattement prévu dans le cadre de l'IR n'est applicable pour la détermination de l'assiette de la CSG et de la CRDS. Le prélèvement social, sa contribution additionnelle et le prélèvement de solidarité, au taux global de 8 %, s'appliquent aux revenus de placement imposés au barème de l'IR. Les prélèvements sociaux au taux global de 15,5 % sont retenus à la source en même temps que l'acompte d'IR de 21 % lors du versement des dividendes.	246 € pour la CSG 15 € pour la CRDS 204 € pour le prélèvement social, sa contribution additionnelle et le prélèvement de solidarité
Alain perçoit en 2015 une pension de retraite pour un montant net de 2 300 € (3 000 € brut) par mois	La CSG sur les pensions de retraite est de 6,6 % du revenu brut. Le taux de la CRDS est de 0,5 % sur le revenu brut. Le prélèvement social, sa contribution additionnelle et le prélèvement de solidarité ne s'appliquent pas aux revenus de remplacement.	198 € pour la CSG 15 € pour la CRDS
Charlène perçoit en 2015 un salaire net mensuel de 3 200 € (4 500 € brut)	La CSG sur les revenus d'activité est de 7,5 % de 98,25 % du revenu brut. La CRDS se calcule également sur une base de 98,25 % du revenu brut, au taux de 0,5 %. Toutefois, l'abattement de 1,75 % est limité à 4 plafonds annuels de la Sécurité sociale. Le prélèvement social, sa contribution additionnelle et le prélèvement de solidarité ne s'appliquent pas aux revenus d'activité.	331,59 € pour la CSG 22,11 € pour la CRDS

Revenus	Calculs et justifications	Montant des prélèvements sociaux
En 2014, Enzo a perçu 2 800 € au titre de la participation des salariés aux résultats de l'entreprise	La CSG de 7,50 % et la CRDS de 0,50 % sur les revenus d'activité autres que les salaires proprement dits se calculent sur 100 % du revenu. Le prélèvement social, sa contribution additionnelle et le prélèvement de solidarité ne s'appliquent pas aux revenus d'activité.	210 € pour la CSG 14 € pour la CRDS

THÈME 16

Révision sur l'IR

Les QCM sont des questions à choix multiple. À chaque question posée, il vous est proposé différentes réponses parmi lesquelles il vous faut cocher une réponse juste, plusieurs réponses justes, voire, pour certaines questions, toutes les réponses. Ce sont donc des questions fermées auxquelles vous devez répondre rapidement avec un temps de réflexion limité.

EXERCICE 64 19 questions à choix multiple

1 – *L'assiette de calcul de la CSG et de la CRDS relative aux allocations chômage perçues est de :*

- ❒ a. 97 %
- ❒ b. 98,25 %
- ❒ c. 100 %

2 – *L'assiette de calcul de la CRDS est identique à celle de la CSG :*

- ❒ a. vrai
- ❒ b. faux

3 – *Clém et Fab ont rompu leur PACS le 30 septembre 2014. Ils doivent établir une seule déclaration commune pour les revenus 2014 :*

❒ a. vrai

❒ b. faux

4 – *Philippe et Géraldine se sont mariés le 15 juin 2014 :*

❒ a. ils devront établir, pour les revenus 2014, trois déclarations distinctes

❒ b. ils devront établir, pour les revenus 2014, une seule déclaration commune basée sur leur situation au 31 décembre 2014

❒ c. ils pourront choisir d'établir, pour les revenus 2014, deux déclarations distinctes pour toute l'année

5 – *Sonia et Rolland sont pacsés. Leur premier enfant est né le 31 décembre N. Cochez le nombre de parts du foyer fiscal pour le calcul de l'impôt sur le revenu de N :*

❒ a. deux parts

❒ b. deux parts et demie

❒ c. trois parts

6 – *La nationalité est un critère de détermination du domicile fiscal :*

❒ a. vrai

❒ b. faux

7 – *La CSG est toujours déductible et en totalité de l'impôt sur le revenu :*

❒ a. vrai

❒ b. faux

8 – *Lorsque le revenu brut foncier dépasse au cours d'une année le seuil de 15 000 € :*

❒ a. le régime du micro-foncier continue de s'appliquer jusqu'à la fin de l'année suivante

❒ b. le régime du micro-foncier continue de s'appliquer jusqu'à la fin de l'année en cours

❒ c. le régime du micro-foncier cesse immédiatement de s'appliquer au titre de l'année au cours de laquelle le seuil est dépassé

9 – *Dans le régime du micro-foncier, le revenu imposable est :*

❒ a. calculé par application d'un abattement forfaitaire de 40 % sur les revenus bruts

❒ b. calculé par application d'un abattement forfaitaire de 30 % sur les revenus bruts

❒ c. calculé par application d'un abattement forfaitaire de 30 % sur les revenus bruts auxquels s'ajoutent les charges réellement engagées par le propriétaire pour l'entretien du logement sur production des justificatifs

10 – *Le fait de tenir compte des dépenses de rénovation ou d'amélioration d'un logement pour le calcul des revenus fonciers a un impact sur le calcul de la plus-value immobilière en cas de cession de ce logement :*

❒ a. vrai

❒ b. faux

11 – *Le contribuable célibataire peut demander à être dispensé du prélèvement à la source obligatoire (acompte sur l'impôt dû) de 21 % sur les dividendes qu'il percevra en 2015 :*

❒ a. si son revenu fiscal de référence de l'année 2013 est inférieur à 25 000 €

❒ b. si son revenu fiscal de référence de l'année 2013 est inférieur à 50 000 €

❒ c. si son revenu fiscal de référence de l'année 2013 est inférieur à 75 000 €

12 – *Les réductions d'impôt :*

❒ a. s'imputent sur le revenu global tandis que les charges déductibles s'imputent sur l'impôt brut

❒ b. s'imputent sur l'impôt brut tandis que les charges déductibles s'imputent sur le revenu global

❒ c. s'imputent sur les revenus catégoriels

13 – ***Un couple marié, soumis à une imposition commune, a perçu en 2014 un montant de 1 500 € d 'intérêts sur les obligations qu'il détient. Il s'agit des seuls revenus de placement à revenu fixe du foyer fiscal. Ainsi, les intérêts des obligations sont imposés obligatoirement au barème progressif de l'impôt sur le revenu :***

❒ a. vrai
❒ b. faux

14 – ***Un contribuable a réalisé une moins-value sur la cession d'actions en 2014. Il peut imputer cette moins-value sur le revenu global de 2014 imposable à l'IR :***

❒ a. vrai
❒ b. faux

15 – ***Le taux du prélèvement obligatoire au titre des RCM est de 24 % en 2015 (hors prélèvements sociaux) :***

❒ a. sur les intérêts des comptes d'associés s'ils sont déductibles
❒ b. sur les produits dividendes
❒ c. sur les revenus d'obligations et titres assimilés
❒ d. sur les intérêts imposables des plans d'épargne logement

16 – ***La prime pour l'emploi :***

❒ a. se calcule à partir d'un barème fiscal qui dépend du montant des revenus d'activité du foyer fiscal et du nombre de personnes à charge
❒ b. peut faire l'objet d'un versement mensuel
❒ c. ne peut pas faire l'objet d'un versement mensuel
❒ d. peut être versée à une personne soumise à l'impôt sur la fortune
❒ e. sera abrogée en 2016

17 – ***La contribution exceptionnelle sur les hauts revenus est calculée pour un célibataire :***

❒ a. au taux de 3 % si le revenu fiscal de référence excède 250 000 €

❒ b. au taux de 4 % sur la fraction du revenu fiscal de référence > 500 000 €

❒ c. au taux de 6 % sur la fraction du revenu imposable > 500 000 €

18 – ***Un couple marié soumis à une imposition commune constate que son impôt brut sur les revenus 2014 s'élève à 1 150 € :***

❒ a. le couple bénéficie d'une décote

❒ b. le couple ne bénéficie pas d'une décote

19 – ***Pour l'IR 2014, le plafonnement global des niches fiscales est égal à 18 000 € dans tous les cas :***

❒ a. vrai

❒ b. faux

Corrigé

1 – bonne réponse : ❒ b

L'assiette de calcul de la CSG et de la CRDS concernant les allocations chômage est égale à 98,25 % du revenu brut depuis le 1er janvier 2012.

2 – bonne réponse : ❒ a

L'assiette de calcul de la CRDS est, comme pour la CSG, de 98,25 % pour les revenus d'activité considérés comme des éléments constitutifs du salaire et les allocations chômage et de 100 % pour les autres revenus. Toutefois, l'abattement de 1,75 % sur les revenus d'activité est plafonné à 4 plafonds annuels de la Sécurité sociale.

3 – bonne réponse : ❒ b

En cas de rupture du PACS ou de divorce en 2014, deux déclarations séparées doivent être établies pour toute l'année.

4 – bonnes réponses : ❒ b ❒ c

Une seule déclaration est établie pour les revenus dont le couple a disposé pendant l'année du mariage, sauf option pour deux déclarations.

5 – bonne réponse : ❒ b

La situation du foyer fiscal s'apprécie au 1er janvier mais, en cas de naissance ou d'adoption en cours d'année, la part ou la demi-part découlant de la naissance doit être retenue pour l'année complète. Le nombre de parts du foyer fiscal est donc de deux pour le couple pacsé et d'une demi-part pour l'enfant, soit 2,5 parts au total.

6 – bonne réponse : ❒ b

La nationalité n'est pas un des critères de détermination du domicile fiscal au regard de l'IR.

7 – bonne réponse : ❒ b

La CSG acquittée au titre des revenus d'activité, du patrimoine et des revenus de placement soumis au barème progressif de l'impôt sur le revenu est déductible à hauteur de 5,1 %.

8 – bonne réponse : ❒ c

Lorsque ***le total des revenus fonciers du foyer fiscal*** excède la limite de 15 000 €, le régime du micro-foncier cesse immédiatement de s'appliquer au titre de l'année au cours de laquelle ce seuil est dépassé. Les revenus fonciers du foyer fiscal sont alors soumis au régime normal.

9 – bonne réponse : ❒ b

L'abattement forfaitaire du régime du micro-foncier est de 30 % des revenus. Il représente l'ensemble des charges de propriété.

10 – bonne réponse : ❒ a

Pour calculer la plus-value immobilière imposable, il est possible d'ajouter les dépenses d'amélioration ou de rénovation du bien cédé au prix d'acquisition, ce qui diminue d'autant la plus-value imposable. Mais si ces dépenses ont déjà été intégrées aux charges déductibles des revenus fonciers ou si elles ont été incluses dans un dispositif de réduction d'impôt, elles ne doivent plus entrer dans le calcul de la plus-value imposable en cas de cession.

11 – bonne réponse : ❒ b

Une personne seule (célibataire, divorcé ou veuf) dont le revenu fiscal de référence de l'avant dernière année est inférieur à 50 000 € est dispensée du versement du prélèvement obligatoire de 21 % sur les dividendes à sa demande auprès de la société distributrice.

Un couple soumis à une imposition commune peut formuler une dispense identique à condition que son revenu fiscal de référence de l'avant dernière année soit inférieur à 75 000 €.

12 – bonne réponse : ❒ b

Une réduction d'impôt s'impute sur l'impôt tandis qu'une charge s'impute sur le revenu.

13 – bonne réponse : ❒ b

Lorsque les revenus de placement à revenu fixe du foyer fiscal ***ne dépassent pas 2 000 €***, au titre de l'année d'imposition, il est possible d'opter pour une imposition forfaitaire au taux de 24 %.

14 – bonne réponse : ❒ b

Les moins-values réalisées sur titres sont imputables sur les plus-values de même nature réalisées au cours de l'année d'imposition ou des 10 années suivantes en cas d'excédent.

15 – bonnes réponses : ❒ a ❒ c ❒ d

Depuis 2013, ***le taux du prélèvement obligatoire*** (acompte sur l'impôt dû) sur les revenus des placements à revenu fixe est de 24 %. Pour les dividendes perçus, il est de de 21 %.

16 – bonnes réponses : ❒ a ❒ b ❒ d ❒ e

La prime pour l'emploi est calculée à partir d'un barème progressif, actualisé, en principe, chaque année. Ce barème prend en compte les revenus d'activité du contribuable et le nombre de personnes qu'il a à charge. Le versement de la prime pour l'emploi peut se faire sous la forme d'acomptes mensuels. Seuls les contribuables qui en font la demande expresse bénéficient de ces acomptes mensuels. Les contribuables imposables à l'ISF ne peuvent pas bénéficier de la prime pour l'emploi.

La prime pour l'emploi sera supprimée en 2016 et remplacée par une nouvelle aide.

17 – bonnes réponses : ❒ a ❒ b

La contribution exceptionnelle temporaire due depuis l'imposition des revenus 2011 est calculée par l'administration sur le revenu fiscal de référence.

Pour un célibataire, le taux est de 3 % sur la fraction du revenu fiscal de référence supérieure à 250 000 € et inférieure ou égale à 500 000 €. Le taux est porté à 4 % si le revenu fiscal de référence excède 500 000 €. Les seuils sont doublés pour les couples soumis à une imposition commune.

18 – bonne réponse : ❒ a

À partir de l'impôt sur le revenu 2014, le plafond de la décote a été relevé avec prise en compte de la situation conjugale.

Ainsi, un couple soumis à une imposition commune bénéficie d'une décote lorsque l'impôt brut est inférieur à 1 870 €. La décote égale à : 1 870 – Impôt brut

Soit dans le cas présent à :

1 870 – 1 150 = 720 €

Elle vient en diminution de l'impôt.

L'impôt après décote est donc égal à :

1 150 – 720 = 430 €

19 – bonne réponse : ❒ b

Pour l'impôt sur le revenu 2014, le plafonnement global des niches fiscales est égal à 10 000 € majoré à 18 000 € en cas d'investissement outre-mer ou de souscription au capital de SOFICA.

PARTIE 4

L'imposition sur le capital

THÈME 17

Les droits d'enregistrement

EXERCICE 65 Constitution d'une SNC ou d'une SARL

Trois anciens diplômés d'une école supérieure de commerce, Axel, Charlotte et François, souhaitent créer une société afin de développer leur projet : proposer à des particuliers l'organisation de repas à domicile.

Les investissements initiaux sont relativement faibles :

- *Axel, souhaite faire un apport en espèces de 3 000 € ;*
- *Charlotte souhaite faire un apport en nature correspondant à un véhicule de tourisme d'une valeur de 4 000 € ;*
- *François apporte à la société un local qu'il avait hérité de son grand-père il y a plus de cinq années et dans lequel l'entreprise constituée pourra s'établir. Son apport est rémunéré par des parts de la société créées à hauteur de 10 000 € et par une dette de la société vis-à-vis de lui à hauteur de 12 000 €.*

- *Qualifier les apports sur le plan fiscal.*
- *Déterminer les droits d'enregistrement applicables aux apports définis dans l'hypothèse où la société constituée est une SARL et dans celle où la société constituée est une SNC qui n'a pas opté pour l'impôt sur les sociétés. L'apport du local n'est pas soumis à la TVA.*

CORRIGÉ

1 – La qualification des apports

Axel fait un apport en numéraire. Elle reçoit des droits sociaux représentatifs du capital en échange des fonds apportés. Il s'agit d'un apport à titre pur et simple.

Charlotte fait un apport en nature pour lequel elle reçoit des droits sociaux. Il s'agit également d'un apport pur et simple.

François fait un apport en nature. Il reçoit en contrepartie d'une partie de son apport des droits sociaux ; l'autre partie de son apport est rémunérée par une dette. L'apport est donc réalisé en partie à titre pur et simple et en partie à titre onéreux. Il s'agit d'un apport mixte.

2 – Les droits d'enregistrement dus

a) Hypothèse 1 : la société créée est une SARL

La SARL est une forme de société soumise à l'IS de plein droit :

- l'apport pur et simple de numéraire à une société soumise à l'IS par une personne physique est exonéré de droits d'enregistrement ;
- l'apport pur et simple d'un véhicule de tourisme à une société soumise à l'IS par une personne physique est exonéré de droits d'enregistrement ;
- l'apport pur et simple d'un immeuble à une société soumise à l'IS par une personne physique est imposée aux droits d'enregistrement au taux de 5 % soit, pour François :

  10 000 x 5 % = 500 €

  L'apport à titre onéreux d'un immeuble à une société soumise à l'IS par une personne physique est également taxé à 5 % soit, pour la part de l'apport de François définie comme apport à titre onéreux :

  12 000 x 5 % = 600 €

  L'exonération est conditionnée au fait que l'apporteur personne physique s'engage à conserver pendant trois ans les titres remis en contrepartie de l'apport.

Synthèse :

Apport d'Axel à titre pur et simple	Exonéré de droits d'enregistrement
Apport de Charlotte à titre pur et simple	Exonéré de droits d'enregistrement
Apport de François à titre mixte	La part de l'apport à titre pur et simple est taxée à 5 % (500 €) La part de l'apport à titre onéreux est taxée à 5 % (600 €)

b) Hypothèse 2 : la société créée est une SNC

La SNC est soumise de plein droit à l'impôt sur le revenu dans le cadre du régime des BIC. Elle peut opter pour l'impôt sur les sociétés, ce qui n'est pas le cas par hypothèse de l'énoncé :

– l'apport pur et simple de numéraire à une société non soumise à l'impôt sur les sociétés est exonéré de droits d'enregistrement ;
– l'apport pur et simple d'un véhicule de tourisme à une société non soumise à l'impôt sur les sociétés est exonéré de droits d'enregistrement ;
– l'apport pur et simple d'un immeuble à une société non soumise à l'IS est exonéré. L'apport à titre onéreux d'un immeuble à une société non soumise à l'IS est taxé à 5 % soit, pour la part de l'apport de François définie comme apport à titre onéreux :

12 000 x 5 % = 600 €

Synthèse :

Apport d'Axel à titre pur et simple	Exonéré de droits d'enregistrement
Apport de Charlotte à titre pur et simple	Exonéré de droits d'enregistrement
Apport de François à titre mixte	La part de l'apport à titre pur et simple est exonérée La part de l'apport à titre onéreux est taxée à 5 % (600 €)

EXERCICE 66 Augmentation de capital

Axel, Charlotte et François ont finalement constitué une SARL au capital de 17 000 €.

Après 4 années d'exploitation, les trois associés projettent de développer une nouvelle activité : les cours de cuisine. Pour faire face aux nouveaux investissements, une augmentation de capital s'impose. Le capital de la SARL passera alors de 17 000 € à 27 000 €.

La SA Chefadom apporte des créances à la SARL pour 5 000 €.

Axel ne souhaite pas souscrire à l'augmentation de capital.

François et Charlotte apportent du numéraire respectivement pour 2 500 € chacun.

- *Qualifier les apports au titre de l'augmentation de capital.*
- *Calculer les droits d'enregistrement dus sur ces apports.*

CORRIGÉ

1 – La qualification des apports au titre de l'augmentation de capital

Les apports de François, de Charlotte et de la *SA Chefadom* sont ***des apports purs et simples*** dans la mesure où chaque associé reçoit en compensation de ses apports des droits sociaux.

2 – Le calcul des droits d'enregistrement sur ces apports

Il s'agit d'apports purs et simples à une société soumise à l'impôt sur les sociétés :

- ***apport de créances de la SA Chefadom*** : cet apport émane d'une société passible de l'impôt sur les sociétés ; il est donc imposable aux droits d'enregistrement fixes de 375 € puisque le capital est inférieur à 225 000 €. En effet, nous supposons que, s'agissant de créances, celles-ci n'ont pas bénéficié lors d'un précédent apport de l'exonération de droit ;
- ***apports de François et de Charlotte*** : ces apports émanent de personnes physiques ; ils sont donc imposables aux droits d'enregistrement fixes de 375 € puisque le capital est inférieur à 225 000 €.

THÈME 18

L'impôt de solidarité sur la fortune (ISF)

Afin d'effectuer les exercices, *le barème 2015 de l'impôt de solidarité sur la fortune*, vous est fourni :

Fraction de la valeur nette taxable du patrimoine	Taux
≤ 800 000 €	0 %
> 800 000 € et ≤ 1 300 000 €	0,5 %
> 1 300 000 € et ≤ 2 570 000 €	0,7 %
> 2 570 000 € et ≤ 5 000 000 €	1 %
> 5 000 000 € et ≤ 10 000 000 €	1,25 %
> 10 000 000 €	1,5 %

EXERCICE 67 Calcul simple sur l'ISF

Sylvie Durand et Christophe Marini vivent en concubinage notoire. Ils n'ont pas d'enfants.

Sylvie est mannequin et travaille pour une agence en France, mais elle effectue de nombreux séjours à l'étranger (près de 150 jours par an).

Christophe est Président du conseil d'administration de la SA Tip-top ; il détient 30 % des actions de la SA, dont le siège social est situé à Lille. L'essentiel de ses revenus lui est procuré par son activité au titre de président du Conseil d'administration.

En N, le patrimoine de Sylvie se compose :

- *d'un appartement à Paris dont la valeur est de 857 143 € (résidence principale où vivent Christophe et Sylvie) ;*
- *d'un appartement situé à Turin dont la valeur est de 455 000 € ;*
- *d'une collection de timbres d'Amérique du sud dont la valeur est estimée à 10 000 € ;*
- *de bijoux estimés à 30 000 € ;*

En N, le patrimoine de Christophe comprend :

- *un appartement à Lille dont la valeur est de 380 000 € ;*
- *un appartement à Pau dont la valeur est de 270 000 € ; cet appartement a été vendu le 2 février N ;*
- *un ensemble de voitures de collection d'une valeur totale estimée à 80 000 € ;*
- *des titres de la SA Tip-top pour une valeur de 90 000 € ;*
- *un portefeuille de valeurs mobilières françaises estimé à 45 000 €.*

■ *Déterminer si Sylvie et Christophe sont assujettis à l'impôt sur la fortune.*

■ *Évaluer le patrimoine imposable à l'impôt sur la fortune de Sylvie et Christophe.*

■ *Calculer le montant de l'impôt sur la fortune dû au titre de N.*

CORRIGÉ

1 – L'assujettissement à l'impôt sur la fortune

a) Domiciliation fiscale

L'ISF est dû par ***toute personne physique domiciliée en France*** et propriétaire au 1er janvier 2015 d'un ***patrimoine imposable d'une valeur nette supérieure ou égale à 1 300 000 €***. D'après les informations communiquées dans l'énoncé, Sylvie et Christophe sont domiciliés en France : ils sont donc imposables à raison de leurs biens situés en France et hors de France.

b) Foyer fiscal

Le foyer fiscal, au regard de l'ISF, comprend ***les deux membres d'un couple*** en situation de concubinage notoire. Il s'agit là d'une différence notable entre l'ISF et l'IR. Sylvie et Christophe forment donc un foyer fiscal unique et le patrimoine imposable est composé de la réunion des biens imposables de Sylvie et de Christophe.

2 – Le patrimoine imposable

Le patrimoine imposable est composé des biens dont Sylvie et Christophe sont propriétaires.

Biens	Imposition	Valeur à prendre en compte dans la base imposable à l'ISF
Appartement de Paris (résidence principale)	Imposable mais avec un abattement de 30 % pour résidence principale	600 000 € 857 143 – (30 % x 857 143)
Appartement de Turin	Imposable même si situé à l'étranger car le domicile fiscal de Sylvie est en France	455 000 €
Collection de timbres	Exonérée	0
Bijoux	Imposable	30 000 €
Appartement de Lille	Imposable	380 000 €
Appartement de Pau	Imposable bien qu'il ait été cédé en février car la situation patrimoniale doit être évaluée au 1er janvier de l'année de référence	270 000 €
Voitures de collection	Exonérées	0
Titres de la *SA Tip-top*	Il s'agit d'un bien professionnel ; il est donc exonéré en tant que tel. En effet, les titres de la *SA Tip-top* répondent aux trois conditions légales pour être exonérés de l'impôt sur la fortune : – Christophe est président du conseil d'administration de la SA ; – il tire de cette fonction l'essentiel de ses revenus ; – il détient au moins 25 % des actions de la SA.	0
Portefeuille de valeurs mobilières	Imposable	45 000 €

Le patrimoine imposable à l'impôt sur la fortune est donc de :

600 000 + 455 000 + 30 000 + 380 000 + 270 000 + 45 000 = 1 780 000 €

3 – Le montant de l'impôt

L'impôt est déterminé d'après le barème progressif par tranches.

La base taxable est constituée par le patrimoine imposable, auquel on a retranché les dettes rattachées aux biens taxables à l'ISF, du foyer fiscal et l'ISF. La détermination de la base taxable impose donc de calculer une première fois l'ISF théorique qu'il faut ensuite retrancher du patrimoine imposable afin de calculer l'ISF dû.

a) ISF théorique

Base de calcul : 1 780 000 €

Première tranche	:	0	=	0
2e tranche	:	(1 300 000 – 800 000) x 0,5 %	=	2 500,00
3e tranche	:	(1 780 000 – 1 300 000) x 0,7 %	=	3 360,00
		ISF théorique	=	5 860,00

L'ISF théorique est retranché du montant du patrimoine imposable à retenir.

Le montant du patrimoine à prendre en compte est donc de :

1 780 000 – 5 860 = 1 774 140 €

Il convient de calculer l'impôt à partir de ce nouveau montant.

b) Calcul de l'ISF dû

Première tranche	:	0	=	0
2e tranche	:	(1 300 000 – 800 000) x 0,5 %	=	2 500,00
3e tranche	:	(1 774 140 – 1 300 000) x 0,7 %	=	3 318,98
		ISF à payer	=	5 818,98

L'ISF dû est arrondi à l'euro le plus proche, soit : 5 819 €

EXERCICE 68 Synthèse sur la détermination de l'ISF

Mme et M. de Brontebour résident en France. Ils ont deux enfants qui vivent sous leur toit : Cathy 17 ans et Dany 21 ans, étudiante rattachée au foyer fiscal au regard de l'IR.

Mme de Brontebour est associée et directrice financière de la SARL de Brontebour, elle détient 25 % des parts (valorisées au 1er janvier N à 100 000 €). Elle compte conserver ces titres pendant au moins six ans.

M. de Brontebour est avocat. Il est propriétaire des bureaux dans lesquels il exerce son activité en libéral. Les bureaux sont estimés à une valeur de 100 000 €.

Cathy est lycéenne ; elle est propriétaire d'un studio que son grand-père lui a légué, d'une valeur de 175 000 €. Elle détient en outre un plan d'épargne logement d'une valeur de 10 000 € au 1er janvier N.

Dany est étudiante ; elle est propriétaire d'un studio, donné en location, d'une valeur de 60 000 €.

La résidence principale de la famille de Brontebour est estimée à 1 560 000 €. En outre, M. et Mme de Brontebour sont propriétaires d'un chalet à Megève dont la valeur est estimée à 1 600 000 €. Un emprunt a été contracté en N – 3 pour faire face à différents travaux de rénovation du chalet. À ce jour, le montant de l'emprunt à rembourser est de 80 000 €

Amateur d'antiquités, M. de Brontebour est propriétaire de différents objets valorisés à 120 000 €. Il a dû emprunter 40 000 € pour les acquérir. À ce jour, le montant de l'emprunt à rembourser est de 28 000 €

Au 30 décembre N – 1, M. de Brontebour a participé à l'augmentation de capital d'une PME opérationnelle européenne. La PME répond aux conditions légales permettant de faire bénéficier ses investisseurs d'une réduction d'ISF. Le montant de la réduction d'impôt à laquelle M. de Brontebour a droit est de 2 500 €.

L'impôt sur le revenu du foyer fiscal payable en N s'élève à 12 500 €.

- *Calculer l'ISF dû par la famille de Brontebour en N.*
- *Indiquer si la famille de Brontebour peut bénéficier d'une décote et si elle doit souscrire une déclaration d'ISF.*

CORRIGÉ

1 – La détermination du foyer fiscal

Le foyer fiscal, au regard de l'ISF, ***est composé de M. et Mme de Brontebour et de leur fille*** Cathy, mineure. En conséquence, les biens de Cathy doivent être intégrés à la déclaration de ses parents.

2 – La détermination du patrimoine imposable

Les parts de la SARL de Brontebour : il ne s'agit pas d'un bien professionnel ; en effet, Mme de Brontebour n'est pas gérante. Cependant, comme elle est salariée de la SARL, elle peut bénéficier d'une exonération partielle sur les titres qu'elle détient. Les salariés sont, en effet, exonérés d'ISF à concurrence de 75 % de la valeur des titres de la société dans laquelle ils exercent leur activité principale s'ils conservent ces titres pendant au moins 6 ans. Les parts de la SARL sont donc imposables à hauteur de 25 %, soit :

100 000 x 25 % = 25 000 €

Les bureaux professionnels de M. de Brontebour : il s'agit d'un bien professionnel ; à ce titre, il est exonéré.

Le studio de Cathy est imposable pour 175 000 €

Le PEL de Cathy est imposable pour 10 000 €

La résidence principale est imposable mais on peut déduire un abattement de 30 % ; la résidence principale est donc imposable à hauteur de :

1 560 000 – (1 560 000 x 30 %) = 1 092 000 €

Le chalet à Megève est imposable sous déduction des dettes qui s'y rattachent, soit :

1 600 000 – 80 000 = 1 520 000 €

Les objets d'antiquité sont exonérés et l'emprunt qui s'y rattache n'est pas déductible.

Le total du patrimoine imposable à l'ISF est donc de :

25 000 + 175 000 + 10 000 + 1 092 000 + 1 520 000 = 2 822 000 €

Il y a lieu de déduire de ce montant la dette fiscale de 12 500 €, soit :

2 822 000 – 12 500 = 2 809 500 €

3 – La détermination de l'impôt sur la fortune

a) ISF théorique

La détermination de la base imposable à l'ISF tient compte de l'ISF théorique.

Base de calcul : 2 809 500 €

Première tranche	:	0	=	0
2e tranche	:	(1 300 000 – 800 000) x 0,5 %	=	2 500,00
3e tranche	:	(2 570 000 – 1 300 000) x 0,7 %	=	8 890,00
4e tranche		(2 809 500 – 2 570 000) x 1 %	=	2 395,00
		ISF théorique	=	13 785,00

La base imposable à l'ISF est de :

2 809 500 – 13 785 = 2 795 715 €

Il convient de calculer l'ISF à partir de ce nouveau montant.

b) Calcul de l'ISF dû

Première tranche	: 0	=	0
2e tranche	: (1 300 000 – 800 000) x 0,5 %	=	2 500,00
3e tranche	: (2 570 000 – 1 300 000) x 0,7 %	=	8 890,00
4e tranche	(2 795 715 – 2 570 000) x 1 %	=	2 257,15
	ISF dû	=	13 647,15

L'ISF est arrondi à l'euro le plus proche, soit : 13 647 €

c) Détermination de l'ISF à payer

Impôt à payer = Impôt brut – Réductions d'impôt

La famille de Brontebour bénéficie d'une réduction d'impôt pour investissement dans une PME opérationnelle européenne de 2 500 €

Le montant de l'ISF dû est de :

13 647 – 2 500 = 11 147 €

4 – Le bénéfice d'une décote et l'obligation déclarative

La valeur nette taxable du patrimoine de la famille de Brontebour est supérieure à 1 400 000 € En conséquence, ***la décote ne peut être appliquée***.

La valeur nette taxable du patrimoine de la famille de Brontebour est inférieure à 2 570 000 € De ce fait, elle est ***dispensée de souscrire*** une déclaration spécifique d'ISF.

La valeur nette taxable de son patrimoine ***doit être portée*** sur la déclaration de revenus *2042*.

THÈME 19

Révision de l'imposition sur le capital

Les QCM sont des questions à choix multiple. À chaque question posée, il vous est proposé différentes réponses parmi lesquelles il vous faut cocher une réponse juste, plusieurs réponses justes, voire, pour certaines questions, toutes les réponses. Ce sont donc des questions fermées auxquelles vous devez répondre rapidement avec un temps de réflexion limité.

EXERCICE 69 10 questions à choix multiple

1 – *Les redevables de l'ISF 2015 :*

- ❒ a. ne peuvent pas bénéficier d'un plafonnement de l'ISF
- ❒ b. peuvent bénéficier d'un plafonnement de l'ISF, dont le taux est fixé à 85 %
- ❒ c. peuvent bénéficier d'un plafonnement de l'ISF, dont le taux est fixé à 75 %

2 – ***Si la valeur nette taxable du patrimoine est égale à 3 M€, le redevable de l'ISF 2015 bénéficie d'une réduction d'ISF de 50 % de l'ISF brut :***

- ❒ a. vrai
- ❒ b. faux

3 – *Les biens qui ne figuraient pas dans le patrimoine du redevable de l'ISF au 1er janvier N, mais qui ont été acquis au cours du mois de février N, entrent dans la base d'imposition de l'ISF pour l'année N :*

❒ a. vrai

❒ b. faux

4 – *Un couple marié séparé de biens et ne vivant pas sous le même toit fait l'objet d'une imposition distincte en matière d'ISF :*

❒ a. vrai

❒ b. faux

5 – *La composition du foyer fiscal au regard de l'ISF est appréciée :*

❒ a. au 1er janvier de l'année d'imposition

❒ b. au 31 décembre de l'année d'imposition

❒ c. à la date la plus favorable pour le redevable

6 – *Tout redevable de l'ISF doit remplir une déclaration d'ISF spécifique :*

❒ a. vrai

❒ b. faux

7 – *À la constitution d'une société, l'apport pur et simple d'un fonds de commerce par une société passible de l'IS à une société soumise à l'IS est exonéré de droits d'enregistrement :*

❒ a. vrai

❒ b. faux

8 – *À l'occasion d'une fusion, les droits d'enregistrement dus sur les apports à titre onéreux, résultant de la prise en charge du passif de la société absorbée, s'élèvent à 375 € :*

❒ a. vrai

❒ b. faux

9 – *L'augmentation de capital par incorporation de réserves donne lieu au paiement :*

❒ a. d'un droit fixe

❒ b. d'un droit variable égal à 5 % du montant des réserves incorporées

10 – *Pour un patrimoine net taxable (P) égal à 1 300 000 € au 1er janvier 2015, la décote permet de réduire de moitié le montant de l'ISF dû :*

❒ a. vrai

❒ b. faux

CORRIGÉ

1 – bonne réponse : ❒ c

Le plafonnement de l'ISF 2015 permet à un redevable de ***ne pas consacrer plus de 75 % de ses revenus au paiement de ses impôts***. Dans le cas contraire, le montant de l'ISF est réduit de l'excédent constaté.

2 – bonne réponse : ❒ b

La loi de finances pour 2013 ***a supprimé*** la réduction d'impôt pour atténuation des effets de seuil. Seul un mécanisme de décote demeure.

3 – bonne réponse : ❒ b

Le patrimoine imposable est ***évalué au 1er janvier de l'année d'imposition.***

4 – bonne réponse : ❒ a

Il faut considérer dans ce cas qu'il existe ***deux foyers fiscaux*** au regard de l'ISF.

5 – bonne réponse : ❒ a

La composition du foyer fiscal s'apprécie au 1er janvier de l'année d'imposition.

6 – bonne réponse : ❒ b

Seuls les redevables dont le patrimoine net taxable dépasse 2,57 M€ restent soumis à la déclaration spécifique *2725* ; les autres redevables reportent la valeur globale de leurs biens dans leur déclaration de revenu.

7 – bonne réponse : ❒ a

Néanmoins, ils sont soumis au ***droit de mutation de 5 %*** s'ils ont bénéficié lors d'un précédent apport de l'exonération de droit, du droit fixe ou du droit à taux réduit de 1 %.

8 – bonne réponse : ❒ b

L'apport est exonéré.

9 – bonne réponse : ❒ a

L'augmentation de capital par incorporation de réserves donne lieu au paiement d'un droit fixe de 375 € ou 500 € selon que le capital est inférieur ou supérieur à 225 000 €.

10 – bonne réponse : ❒ a

Lorsque le patrimoine net taxable (P) est compris entre 1 300 000 € et 1 400 000 €, le redevable de l'ISF 2015 bénéficie d'une décote égale à : 17 500 – (1,25 % P) afin de réduire l'ISF dû.

Si (P) = 1 300 000 €, le montant de l'ISF d'après le barème est égal à : 2 500 €

Le montant de la décote est égale à : 17 500 – (1,25 % x 1 300 000) soit : 1 250 €

L'ISF dû après décote s'élève à : 2 500 – 1 250 = 1 250 €

Ainsi, l'ISF dû après décote est bien réduit de moitié.

PARTIE 5

Les impôts directs locaux, les autres impositions et l'épargne salariale

THÈME 20

Les impôts directs locaux

EXERCICE 70 Impôts fonciers

Charles Dido est propriétaire d'une villa située sur un terrain de plusieurs hectares en Gironde.

Le terrain a une valeur locative cadastrale de 9 600 €.

La maison a une valeur locative cadastrale de 150 000 €.

Les taux applicables par les collectivités territoriales en matière de taxes foncières sont les suivants :

Taxe foncière / propriétés non bâties	*Taux : 22 %*
Taxe foncière / propriétés bâties	*Taux : 12 %*

- *Déterminer si la propriété de monsieur Dido est imposable aux impôts fonciers et si oui indiquer la nature de la taxe.*
- *Préciser les modalités de paiement des taxes foncières.*

CORRIGÉ

1 – La présentation de la nature d'imposition et la détermination de son montant

La propriété deM. Dido ***est soumise*** à la taxe foncière sur les propriétés non bâties pour le terrain et à la taxe foncière sur les propriétés bâties pour la construction.

Pour le terrain : la base imposable à la taxe foncière est de 80 % de la valeur locative cadastrale ; la taxe s'élève donc à :

9 600 x 80 % x 22 % = 1 690 €

Pour la maison : la base imposable à la taxe foncière est de 50 % de la valeur locative cadastrale, soit :

150 000 x 50 % x 12 % = 9 000 €

2 – Les modalités de paiement de la taxe foncière

La taxe foncière sur les propriétés non bâties doit être acquittée ***après la réception de l'avis d'imposition*** ; de même pour la taxe foncière sur les propriétés bâties.

EXERCICE 71 Taxe d'habitation

Les situations suivantes vous sont communiquées :

A – Etienne vient d'emménager au mois de septembre N à Nantes dans un appartement qui est mis à sa disposition à titre gratuit par ses parents. Il vit seul sans enfant à charge. La valeur locative brute de l'appartement est de 6 000 €.

B – Alberte est âgée de 64 ans. Elle perçoit une pension de retraire annuelle égale à 10 000 €. L'appartement qu'elle habite a une valeur locative de 3 600 €.

C – Cathy est étudiante à la faculté de Lille. Elle a son domicile fiscal chez ses parents à Rennes, mais elle réside dans la semaine à Saint-André-lez-Lille où elle a loué un studio. La valeur locative de ce studio est de 4 200 €.

D – M. Castelnul, médecin, loue à titre professionnel un cabinet médical. La valeur locative du cabinet est de 7 200 €.

E – M. et Mme Brun habitent avec leurs deux enfants de 12 et 15 ans dans un appartement T5 dont la valeur locative est de 11 900 €. La mère de M. Brun, âgée de 74 ans et percevant de très faibles revenus, réside à leur appartement. La valeur locative moyenne des habitations de la commune est de 5 350 €.

Le plafond du revenu fiscal de référence 2013 pour une part est de 10 686 €, plus 2 853 € pour chaque demi-part supplémentaire.

- *Déterminer pour chacune des situations qui vous sont présentées si les personnes sont imposables à la taxe d'habitation et si oui, sur quelle base.*

CORRIGÉ

Les conséquences, au regard de la taxe d'habitation, des situations décrites sont présentées dans le tableau ci-dessous :

Situation	Conséquences au regard de la taxe d'habitation
A	La taxe d'habitation est due également par les occupants de locaux à titre gratuit. Etienne doit donc payer la taxe d'habitation, sur la base de la valeur locative brute de son habitation. La base d'imposition est la valeur locative brute cadastrale, soit ici 6 000 €. Comme il vit seul, il n'a droit à aucun abattement pour charges de famille. Il aura éventuellement droit à l'abattement général à la base et/ou à l'abattement spécial à la base s'il peut justifier pour ce dernier de faibles ressources.
B	Alberte est exonérée de taxe d'habitation pour sa résidence principale car elle est âgée de plus de 60 ans et elle perçoit de faibles ressources inférieures au revenu fiscal de référence 2013 pour une part soit 10 686 €.
C	Cathy a la jouissance de son studio lillois au titre de locataire. Elle ne rentre pas dans les cas prévus d'exonération. Mais si elle a de faibles ressources (ce qui pourrait être le cas puisqu'elle est étudiante) et si son habitation a une valeur locative inférieure à 130 % de la valeur locative moyenne de la collectivité, elle pourra bénéficier d'un abattement spécial à la base qui varie, selon la collectivité locale concernée, entre 1 et 15 % de la valeur locative moyenne des habitations de la collectivité concernée.
D	Les locaux passibles de la contribution économique territoriale sont exonérés de la taxe d'habitation. M. Castelnul ne devra pas payer de taxe d'habitation sur la location de son cabinet médical.
E	La taxe d'habitation est due par toute personne qui a, à quelque titre que ce soit, la disposition ou la jouissance des locaux imposables. M. et Mme Brun sont ainsi imposables à la taxe d'habitation mais ils peuvent bénéficier d'abattements pour charge de famille. Les deux premières personnes à charge donnent droit chacune à un abattement de 10 %, et chaque personne à charge à partir de la troisième donne droit à un abattement de 15 %. Les enfants à charge pour le calcul de l'impôt sur le revenu ainsi que les ascendants du contribuable et de son conjoint âgés de plus de 70 ans, habitant sous leur toit et bénéficiant d'un revenu inférieur au seuil d'imposition à la taxe d'habitation, peuvent être décomptés comme personnes à charge. Ici, l'abattement pour charge de famille applicable est de : (2 x 10 %) + (1 x 15 %) soit : 35 % Il est calculé sur la valeur locative moyenne des habitations de la collectivité concernée, soit : 5 350 x 35 % = 1 872,50, arrondis à 1 873 € La base nette d'imposition s'élève à : 11 900 – 1 873 = 10 027 €

THÈME 21

La contribution économique territoriale (CET)

EXERCICE 72 Assujettissement à la CET

Les situations suivantes vous sont communiquées :

Situation	Assujettissement à la contribution économique territoriale	
	CFE	CVAE
Gérard, pêcheur en Loire-Atlantique qui utilise un bateau		
Gilbert, chauffeur de taxi en région parisienne		
Agence de presse Kilivit, installée en Isère		
Le musée des arts d'Annecy		
Dominique, médecin libéral		
La SARL Bêta, constituée en 2014 dans une zone de revitalisation rurale et exonérée temporairement d'impôt sur les sociétés		
Joachim, écrivain		
Paul, cordonnier établi à son compte		
La SARL Coque qui distribue des articles de pêche		

Situation	Assujettissement à la contribution économique territoriale	
	CFE	CVAE
Gilles auto-entrepreneur création en 2015		

■ *Déterminer pour chacune des situations décrites dans le tableau ci-dessus si les personnes concernées sont assujetties pour N à la contribution économique territoriale.*

CORRIGÉ

Les conséquences, en matière d'assujettissement à la contribution économique territoriale, des situations décrites sont présentées dans le tableau ci-dessous :

Situation	Assujettissement à la contribution économique territoriale	
	CFE	CVAE
Gérard, pêcheur en Loire-Atlantique qui utilise un bateau	Exonéré de manière permanente Les pêcheurs qui utilisent 3 bateaux ou plus sont exclus de l'exonération	Exonéré de manière permanente. Les pêcheurs qui utilisent 3 bateaux ou plus sont exclus de l'exonération.
Gilbert, chauffeur de taxi en région parisienne	Exonéré de manière permanente	Exonéré de manière permanente.
Agence de presse Kilivit, installée en Isère	Exonéré de manière permanente	Exonéré de manière permanente.
Le musée des arts d'Annecy	Exonéré de manière permanente	Exonéré de manière permanente.
Dominique, médecin libéral	Assujetti. Exonération temporaire prise sur délibération des collectivités territoriales possible	Exonération temporaire de CVAE pour les médecins exonérés de CFE sur délibération des collectivités territoriales. Dans tous les cas, exonéré si le chiffre d'affaires ne dépasse pas 152 500 €. S'il est compris entre 152 500 € et 500 000 €, il bénéficie du dégrèvement total de CVAE.

Situation	Assujettissement à la contribution économique territoriale	
	CFE	**CVAE**
La SARL Bêta, constituée en 2014 dans une zone de revitalisation rurale et exonérée temporairement d'impôt sur les sociétés	Les entreprises nouvelles implantées dans certaines zones, et exonérées d'impôt sur le revenu ou d'impôt sur les sociétés bénéficient d'une exonération temporaire de la CFE	Les entreprises nouvelles implantées dans certaines zones, et exonérées d'impôt sur le revenu ou d'impôt sur les sociétés bénéficient d'une exonération temporaire de la CVAE
Joachim, écrivain	Exonéré de manière permanente en raison de son activité	Exonéré de manière permanente en raison de son activité
Paul, cordonnier établi à son compte	Exonéré de manière permanente s'il travaille seul, avec une main-d'œuvre familiale ou des apprentis sous contrats	Un artisan exonéré de CFE est exonéré de CVAE
La SARL Coque qui distribue des articles de pêche	Assujettie normalement sauf s'il s'agit d'une entreprise nouvelle bénéficiant à ce titre d'une exonération	Assujettie normalement sauf s'il s'agit d'une entreprise nouvelle bénéficiant à ce titre d'une exonération. Elle n'est toutefois pas redevable de la CVAE si son CA ne dépasse pas 152 500 €
Gilles auto-entrepreneur création en 2015	Les auto-entrepreneurs sont exonérés de CFE uniquement pour l'année de début d'activité	Les auto-entrepreneurs ne sont pas redevables de la CVAE compte tenu des seuils de chiffre d'affaires

EXERCICE 73 CFE pour une personne soumise au régime des BNC

Marine Guissonet est avocate au barreau d'Aix-en-Provence. Elle exerce à titre individuel et libéral depuis N – 3 ; elle emploie une secrétaire et un assistant juridique à mi-temps.

Marine Guissonet est locataire de bureaux en centre-ville. La valeur locative de ces bureaux est de 7 200 €. Le montant de ses honoraires annuels est de 90 000 €. Les charges annuelles s'élèvent à 50 000 €.

- *Déterminer si Marine Guissonet est assujettie à la cotisation foncière des entreprises, à la cotisation sur la valeur ajoutée des entreprises et sur quelle base.*

CORRIGÉ

1 – Assujettissement à la cotisation foncière des entreprises (CFE) et base d'imposition

Marine Guissonet est avocate ; elle exerce donc une profession non commerciale relevant des BNC au titre de l'impôt sur le revenu.

La CFE doit être calculée sur la base de la valeur locative des immobilisations passibles de la taxe foncière, soit 7 200 €.

2 – Assujettissement à la cotisation sur la valeur ajoutée des entreprises (CVAE)

Les titulaires des BNC sont redevables de la CVAE lorsque leur chiffre d'affaires excède 152 500 €, ce qui n'est pas le cas ici.

Marine Guissonet n'est donc pas redevable de la CVAE.

EXERCICE 74 Calcul de la CET

La SA Stockomania réalise un chiffre d'affaires annuel hors taxes de 12 000 000 € dans le domaine de la grande distribution. Elle a été constituée en 2001. Sa valeur ajoutée est de 1 530 000 €. Elle possède un seul établissement situé à Lorient.

Le taux d'imposition à la CFE adopté par la commune au titre de N est de 15 %. Il est majoré de 3 % au profit de l'État.

Les données nécessaires au calcul de la CFE et de la CVAE ont été synthétisées dans le tableau suivant :

Eléments	Valorisation en euros du magasin de Lorient
Valeur locative des immobilisations soumises aux taxes foncières, taxable à la clôture de la période de référence	*690 000 €*
Valeur locative des autres immobilisations corporelles	*150 000 €*

Tableau de calcul du dégrèvement

Montant du chiffre d'affaires	Taux pour le dégrèvement
Inférieur à 500 000 €	*0 €*
Compris entre 500 000 € et 3 M€	*0,5 % x (CA – 500 000) / 2 500 000*
Compris entre 3M€ et 10 M€	*0,5 % + [0,9 % x (CA – 3 000 000) / 7 000 000]*
Compris entre 10 M€ et 50 M€	*1,4 % + [0,1 % x (CA – 10 000 000) / 40 000 000]*
Supérieur à 50 M€	*1,5 %*

- *Déterminer si la SARL Stockomania est redevable de la CFE et de la CVAE.*
- *Calculer la CET due par la SARL Stockomania au titre de N.*

CORRIGÉ

1 – Assujettissement

La SA est une société commerciale. Elle n'est pas concernée par une exonération permanente ou temporaire. Elle est assujettie à la CFE. Son chiffre d'affaires est supérieur à 152 500 € ; en tant que redevable de la CFE, elle est donc également redevable de la CVAE.

2 – Le calcul de la contribution économique territoriale (CET)

a) Détermination de la CFE

La CFE se calcule à partir de la valeur locative des seules immobilisations soumises à la taxe foncière.

La contribution due est de :

690 000 x 18 % = 124 200 €

b) Détermination de la CVAE

Cotisation théorique

Les entreprises redevables de la CVAE et dont le CA est supérieur à 500 000 € calculent leur cotisation théorique en multipliant la valeur ajoutée par un taux unique de 1,5 %. La valeur ajoutée est ici inférieure à 80 % du chiffre d'affaires ; l'entreprise n'est donc pas concernée par le plafonnement de la valeur ajoutée.

La CVAE théorique est de :

1 530 000 x 1,5 % = 22 950 €

Détermination du taux de dégrèvement

La SA réalise un CA inférieur à 50 M€. Elle peut donc bénéficier d'un dégrèvement, sur demande effectuée au moment de la liquidation de la CVAE.

Ce dégrèvement dépend du montant du chiffre d'affaires. Le CA de la SA étant compris entre 10 et 50 M€, le dégrèvement se calcule à partir de la formule suivante :

Taux du dégrèvement = 1,4 % + [0,1 % x (CA – 10 000 000) / 40 000 000]
= 1,4 % + [0,1 % x (12 000 000 – 10 000 000) / 40 000 000]
= 0,01405 = 1,41 %

Le taux final exprimé en pourcentage doit être arrondi au centième le plus proche.

Dégrèvement

Dégrèvement = CVAE théorique – (VA x Taux de dégrèvement)
22 950 – (1 530 000 x 1,41 %)
= 1 377 €

CVAE après dégrèvement

CVAE après dégrèvement = CVAE théorique – Dégrèvement
= 22 950 – 1 377
= 21 573 €

La SA est donc redevable d'une CFE de 124 200 € et d'une CVAE de 21 573 €. La CET est donc égale à :

124 000 + 21 573
= 145 773 €

Plafonnement de la CET en fonction de la valeur ajoutée

La société peut demander un dégrèvement de la CET si cette dernière est supérieure à 3 % de la valeur ajoutée.

Le dégrèvement est égal à :

(CFE + CVAE) – 3 % de la valeur ajoutée

Le plafond est égal à :

1 530 000 x 3 % = 45 900 €

Le montant de la CET est supérieur au plafonnement ; la société peut donc bénéficier d'un dégrèvement égal à :

145 773 – 45 900 = 99 873 €

THÈME 22

Les taxes liées aux salaires

EXERCICE 75 Taxe sur les salaires : champ d'application

Première partie : organisations imposables

La situation de plusieurs employeurs vous est communiquée :

– madame Gignol emploie une aide à domicile 35 heures par semaine. Elle lui verse une rémunération mensuelle brute de 1 500 € ;

– l'entreprise individuelle Vitabon a réalisé en N – 1 un montant de recettes de 55 000 €. Son activité consiste à distribuer des compléments alimentaires ;

– l'EURL Castagne, située en Provence, est spécialisée dans la production de matériel d'injection plastique ;

– le cabinet médical Gervaise est installé à Cannes.

■ *Examiner chaque situation au regard du champ d'application de la taxe sur les salaires.*

Deuxième partie : sommes exonérées ou imposables

Les sommes suivantes ont été versées aux salariés :

– une prime non contractuelle ;

– des indemnités journalières de maternité ;

– les versements effectués au titre de l'intéressement ;

– des contributions patronales de prévoyance complémentaires.

■ *Examiner pour chacune d'elles s'il y a lieu de les inclure dans la base de calcul de la taxe sur les salaires.*

CORRIGÉ

1 – Première partie : organisations imposables

Situations	Imposition à la taxe sur les salaires
Madame Gignol	Les particuliers n'employant qu'un salarié à domicile sont exonérés de la taxe sur les salaires.
L'entreprise individuelle Vitabon	L'entreprise Vitabon dégage des recettes pour N – 1 inférieures à 82 200 € (limite de la franchise en base pour les ventes) ; elle n'est donc pas imposable à la taxe sur les salaires.
L'EURL Castagne	L'EURL est normalement assujettie à la TVA. En l'absence d'informations plus précises (s'agit-il d'un redevable partiel ?), nous considérons qu'elle ne répond pas aux critères d'assujettissement à la taxe sur les salaires.
Le cabinet médical Gervaise	Les activités médicales sont exonérées de TVA ; dès lors, le cabinet médical Gervaise est assujetti à la taxe sur les salaires.

2 – Deuxième partie : sommes exonérées ou imposables

Rémunérations	Imposition à la taxe sur les salaires
Prime non contractuelle	**OUI** Elle ne fait pas partie des sommes exonérées.
Indemnités journalières de congés maternité	**NON** Elles font partie des sommes exonérées.
Versements effectués au titre de l'intéressement	**OUI** Ils sont intégrés, depuis le 1er janvier 2013, dans l'assiette de la taxe sur les salaires comme l'ensemble des sommes versées au titre de l'épargne salariale, exception faite des gains de levée d'option sur actions ou d'attribution définitive d'actions gratuites.
Contributions patronales de prévoyance complémentaires	**OUI** Elles ne font plus partie des sommes exonérées depuis le 1er janvier 2013 Elles sont donc désormais intégrées dans l'assiette de la taxe sur les salaires.

Exercice 76 Taxe sur les salaires : calcul

La SARL Fiduciel est un assujetti et un redevable partiel à la TVA. Son chiffre d'affaires N – 1 total est de 200 000 € dont celui non soumis à la TVA s'élève à 42 000 €.

Les rémunérations brutes suivantes ont été constatées :

– secrétaire comptable :	*21 000 €*
– gratifications versées à des stagiaires étudiants du supérieur :	*700 €*
– technicien :	*29 000 €*
– ingénieur d'études :	*40 000 €*

- *Calculer le montant de la taxe sur les salaires due.*
- *Préciser la périodicité des paiements que devra effectuer la SARL au titre de la taxe sur les salaires pour l'année suivante.*

Corrigé

1 – Le calcul de la taxe sur les salaires

La base d'imposition, déterminée par le montant des salaires bruts versés, doit être modifiée en tenant compte du prorata suivant :

> Chiffre d'affaires N – 1 non soumis à TVA / Chiffre d'affaires N – 1 total

Soit :

42 000 / 200 000 = 21 %

Les gratifications de stage ne sont pas intégrées dans la base de calcul de la taxe sur les salaires.

Les rémunérations imposables sont donc respectivement de :

(21 000 x 21 %) = 4 410 €

(29 000 x 21 %) = 6 090 €

(40 000 x 21 %) = 8 400 €

Les différentes étapes de calcul sont les suivantes :

– taux normal : 4,25 % sur la totalité des salaires imposables, soit :

(4 410 + 6 090 + 8 400) x 4,25 % = 803,25 €

– taux majoré : de 4,25 % sur la tranche des rémunérations de 7 705 € à 15 385 € ; nous avons donc :

[(8 400 – 7 705) x 4,25 %] = 29,54 €

– d'où un total de :

803,25 + 29,54 = 832,79 €

2 – La périodicité du paiement de la taxe sur les salaires

En principe, le montant de la taxe due étant inférieur à 4 000 €, la SARL devra effectuer un versement annuel avant le 15 janvier de l'année qui suit celle au titre duquel la taxe est due. Toutefois, à partir des rémunérations versées depuis le 1er janvier 2014, si le montant annuel de la taxe sur les salaires est inférieur à 1 200 €, la taxe n'est pas due.

EXERCICE 77 Taxe d'apprentissage

La société Méros vous communique le tableau suivant :

Entreprise	Assujettissement à la taxe d'apprentissage	Montant de la taxe due en N
La SA Bridget dont la masse salariale de N – 1 est de 180 000 €		
La SNC Jiloin dont la masse salariale de N – 1 est de 50 000 €		
La SARL Kolocaste établie en Moselle et dont la masse salariale de N – 1 est de 120 000 €		

Entreprise	Assujettissement à la taxe d'apprentissage	Montant de la taxe due en N
La SARL Kechuo dont la masse salariale de N – 1 est de 300 000 €. L'effectif de la SARL est de 13 salariés. Cette masse salariale comprend la rémunération de deux apprentis pour un total de 20 000 €.		
La SA Norbert dont la masse salariale de N – 1 est de 200 000 €. L'effectif de la SA est de 9 salariés. Cette masse salariale comprend la rémunération de 2 apprentis pour un total de 20 000 €.		

Par ailleurs, la SA Nioro dont l'effectif est de 300 salariés a embauché 2 apprentis en N.

- *Compléter le tableau en précisant si l'entreprise est assujettie à la taxe d'apprentissage et si oui indiquer le montant de la taxe due au titre de N (collecte 2015).*
- *La SA Nioro est-elle assujettie à la contribution supplémentaire à l'apprentissage (CSA) et à quel taux (collecte 2015) ?*

CORRIGÉ

1 – L'analyse de la situation de chaque entreprise

À partir de la collecte 2015, ***La taxe d'apprentissage et la contribution additionnelle*** sont fusionnées en un taux unique égal à 0,68 % (Alsace-Moselle : 0,44 %).

Les entreprises qui embauchent des apprentis et qui sont imposées selon un régime réel d'imposition peuvent bénéficier d'un ***crédit d'impôt forfaitaire égal à 1 600*** € par apprenti employé depuis au moins un mois (le crédit peut être porté à 2 200 € dans certains cas).

Depuis le 1er janvier 2014, ***le crédit d'impôt*** est restreint à la première année du cycle de formation préparant à un diplôme professionnel inférieur ou égal à BAC + 2. Ce crédit d'impôt ne peut excéder le montant des dépenses de personnel relatives à ces apprentis.

L'analyse individuelle de chaque entreprise est la suivante :

Entreprise	Assujettissement à la taxe d'apprentissage	Montant de la taxe due en N
La SA Bridget dont la masse salariale de N – 1 est de 180 000 €	Les sociétés soumises à l'impôt sur les sociétés sont assujetties à la taxe d'apprentissage. La SA est donc soumise à la taxe d'apprentissage.	La taxe d'apprentissage a pour base le calcul des rémunérations versées par l'employeur, soit ici : 180 000 €. Le taux applicable est de 0,68 %. La taxe d'apprentissage due est donc de : 180 000 x 0,68 % = 1 224 €
La SNC Jiloin dont la masse salariale de N – 1 est de 50 000 €	Les sociétés non soumises à l'impôt sur les sociétés mais exerçant une activité industrielle, commerciale ou artisanale sont assujetties à la taxe d'apprentissage. La SNC Jiloin est donc soumise à la taxe d'apprentissage.	La taxe d'apprentissage s'élève à : 50 000 x 0,68 % = 340 €
La SARL Kolocaste établie en Moselle et dont la masse salariale de N – 1 est de 120 000 €	Les sociétés soumises à l'impôt sur les sociétés sont assujetties à la taxe d'apprentissage. La SARL est donc soumise à la taxe d'apprentissage.	Dans les départements du Bas-Rhin, du Haut-Rhin et de la Moselle, le taux à appliquer est de 0,44 % et non de 0,68 %. La taxe d'apprentissage s'élève à : 120 000 x 0,44 % = 528 €
La SARL Kechuo dont la masse salariale de N – 1 est de 300 000 €. L'effectif de la SARL est de 13 salariés. Cette masse salariale comprend la rémunération de deux apprentis pour un total de 20 000 €	Les sociétés soumises à l'impôt sur les sociétés sont assujetties à la taxe d'apprentissage. La SARL est donc soumise à la taxe d'apprentissage.	Les entreprises soumises à la taxe d'apprentissage et ayant un effectif d'au moins 11 salariés (ce qui est le cas de la SARL) doivent retrancher de la base de calcul de la taxe, une partie de la rémunération versée aux apprentis et représentant 11 % du SMIC (on retient la valeur de 1 445,38 € pour le SMIC mensuel 2014), soit : 2 x 12 x 1 445,28 x 11% = 3 815,80 € La taxe due est donc égale à : (300 000 – 3 815,80) x 0,68 % = 2 014,05 arrondis à 2 014 €

Entreprise	Assujettissement à la taxe d'apprentissage	Montant de la taxe due en N
La SA Norbert dont la masse salariale de N – 1 est de 200 000 €. L'effectif de la SA est de 9 salariés. Cette masse salariale comprend la rémunération de 2 apprentis pour un total de 20 000 €	Les sociétés soumises à l'impôt sur les sociétés sont assujetties à la taxe d'apprentissage. La SA Norbert est donc soumise à la taxe d'apprentissage. Les entreprises employant un ou plusieurs apprentis sont exonérées de cette taxe lorsque le montant de la masse salariale servant d'assiette pour le calcul du montant de la taxe d'apprentissage n'excède pas six fois le montant du SMIC annuel. La SA est donc imposable.	Les entreprises soumises à la taxe d'apprentissage et ayant un effectif de moins de 11 salariés (cas de la SA) et celles inscrites au répertoire des métiers doivent retrancher de la base de calcul de la taxe d'apprentissage, la totalité des rémunérations versées aux apprentis. La taxe d'apprentissage est égale à : (200 000 – 20 000) x 0,68 % = 1 224 € À noter que la répartition de la taxe d'apprentissage est la suivante pour la collecte 2015 : – une fraction régionale égale à 51 % versée au Trésor public ; – le quota d'apprentissage égal à 26 % destiné aux CFA ; – le hors quota égal à 23 % destiné au financement des écoles hors du cadre de l'apprentissage.

2 – L'assujettissement à la contribution supplémentaire à l'apprentissage et son taux

La société Nioro est ***assujettie à la contribution supplémentaire à l'apprentissage*** car son effectif est supérieur à 250 salariés et le nombre moyen de salariés en contrat d'apprentissage est inférieur à 4 % de l'effectif annuel moyen.

Le taux de la contribution supplémentaire à l'apprentissage pour cette société est de 0,4 % (collecte 2015) puisque son quota d'alternants est inférieur à 1 %. Il est en effet de :

2 / 300 = 0,7 %

THÈME 23

Les taxes diverses

EXERCICE 78 Contribution à la formation professionnelle

La SARL Mediaspot a pour activité la conception et la distribution de logiciels de traitement de l'image. Son effectif est de 17 salariés. Les principales informations concernant les rémunérations versées par la SARL sont présentées dans le tableau ci-dessous :

Types de contrat	Rémunération annuelle brute (2014)
Contrats à durée déterminée (CDD)	*30 090 €*
Contrats à durée indéterminée (CDI)	*470 000 €*

Au cours de l'année, la SARL a financé :

– un séminaire de réflexion sur la culture de l'entreprise pour un coût estimé de 1 800 € ;

– un séminaire de formation d'un coût de 3 000 € a en outre été financé pour l'actualisation des connaissances des salariés du service comptable notamment en matière de fiscalité ;

– un stage de gestion du stress ouvert à l'ensemble du personnel de l'entreprise a été organisé. Ce séminaire a coûté 2 800 €.

■ *Calculer le montant de la contribution à la formation professionnelle continue due par la SARL pour la collecte 2015.*

■ *Préciser quelles sont les dépenses libératoires que la SARL peut faire valoir et déterminer le montant à payer au titre de la contribution à la formation professionnelle.*

■ *Indiquer, dans l'hypothèse d'un effectif stable, le taux de la contribution auquel sera soumise la SARL pour la collecte 2016.*

CORRIGÉ

1 – Le calcul de la contribution à la formation professionnelle continue

La SARL doit verser une contribution à la formation professionnelle continue comme ***toutes les entreprises domiciliées en France***. La base de calcul est identique à celle des cotisations de Sécurité sociale, soit pour la SARL :

30 090 + 470 000 = 500 090 €

Le taux applicable dépend de ***l'effectif de l'entreprise***. Pour une entreprise dont l'effectif est supérieur ou égal à 10 salariés et inférieur à 20 salariés, ce taux est de 1,05 %, pour la collecte 2015

La contribution à la formation professionnelle continue est donc de :

500 090 x 1,05 % = 5 250,95 arrondis à 5 251 €

En plus de cette somme, la SARL devra verser une contribution de 1 % sur les rémunérations versées à des salariés en contrats à durée déterminée, soit :

30 090 x 1 % = 300,90 arrondis à 301 €

2 – Les dépenses libératoires

Il est possible de bénéficier d'une ***exonération partielle*** au titre de la contribution pour la formation professionnelle continue à raison des dépenses relatives aux actions de formation engagées pour les salariés de l'entreprise.

Pour les dépenses mentionnées dans l'énoncé, seul le séminaire de formation à l'intention du service comptable peut être considéré comme une dépense libératoire (3 000 €).

En effet, les actions d'information ou de sensibilisation s'adressant à un public général ou indifférencié sont exclues de la contribution à la formation professionnelle continue. Cette exclusion vise donc explicitement le séminaire de réflexion sur la culture de l'entreprise. En outre, les actions dont l'objectif est le soin thérapeutique ou le bien-être personnel, et non l'apprentissage de compétences ou savoir-être propres à certaines fonctions, n'entrent pas non plus dans le champ de la formation professionnelle ; c'est le cas du séminaire de gestion du stress ouvert à tous les salariés.

En conséquence, le montant à payer pour la SARL s'élève à :

(5 251 + 301) – 3 000 = 2 552 €

Précisons qu'à compter de 2016, le système des dépenses libératoires sera supprimé.

3 – Le taux de la contribution pour la collecte 2016

À partir de la collecte 2016, les entreprises de 10 salariés et plus seront soumises à une contribution unique de 1 %.

EXERCICE 79 Taxe sur les véhicules de sociétés (TVS)

La SA Stockomani est une entreprise de distribution de produits agricoles :

- *elle loue à l'année auprès de différentes entreprises 6 voitures particulières destinées à ses directeurs de région ;*
- *elle est propriétaire de 10 véhicules utilitaires destinés aux transports de marchandises entre magasins et 3 véhicules type 4x4 destinés au transport des personnes ;*
- *les cadres supérieurs de la SA bénéficient d'un mécanisme de remboursement des frais kilométriques sur leurs véhicules personnels, plafonné à 20 000 km par an ;*
- *en raison de problèmes de mécanique sur certains véhicules, plusieurs contrats courts d'une durée maximale de 10 jours ont été conclus avec des entreprises de location de voitures particulières.*

■ *Préciser les véhicules qui entrent dans le calcul de la taxe sur les véhicules de société à compter du 1er octobre 2014.*

■ *Énumérer les composantes de la taxe pour les périodes d'imposition qui s'ouvrent à partir du 1er octobre 2014.*

CORRIGÉ

1 – Les véhicules concernés par la TVS

La taxe sur les véhicules de sociétés est due par toutes les sociétés qui possèdent ou utilisent des voitures particulières :

Véhicules	Régime au regard de la TVS
Voitures particulières louées	Imposables : les voitures particulières louées par une entreprise entrent dans le champ d'application de la taxe sur les véhicules de sociétés.
Véhicules utilitaires	Exonérés : la taxe sur les véhicules de sociétés ne concerne pas les véhicules utilitaires.
Véhicules type 4x4 destinés au transport des personnes	Imposables : depuis le 1er octobre 2010, le champ d'application de la TVS a été étendu aux véhicules de catégorie N1.

Véhicules	Régime au regard de la TVS
Véhicules des cadres de la SA pour lesquels un remboursement des frais kilométriques est prévu	Imposables, le champ d'application de la TVS comprend également les véhicules possédés ou loués par les salariés ou dirigeants de la société si celle-ci rembourse les frais kilométriques pour au moins 15 000 km au cours de la période d'imposition ; c'est le cas ici. En outre, le tarif est progressif en fonction du nombre de kilomètres remboursé par la société (dans le cas présent, la taxe est égale à 25 % du tarif). Enfin, un abattement de 15 000 € est pratiqué sur le montant dû.
Location de voitures particulières d'une durée de 10 jours	Exonérée : la location de voitures particulières pour une durée inférieure à 30 jours n'est pas imposable.

2 – Les composantes de la TVS

Depuis la période d'imposition ouverte le 1er octobre 2013, le montant de la TVS est déterminé :

- soit en fonction de l'émission de CO_2 pour les véhicules ayants fait l'objet d'une réception communautaire et utilisés à partir de 2006 ;
- soit en fonction de la puissance fiscale pour les véhicules utilisés avant 2006.

Ce montant est majoré d'un tarif de la composante « *air* » qui varie en fonction du type de carburant (diésel ou essence) et de l'année de mise en circulation du véhicule.

THÈME 24

L'épargne salariale

EXERCICE 80 Réserve spéciale de participation (RSP)

La SA Dujardin compte un effectif de 54 salariés. Elle a signé un accord dérogatoire prévoyant que la participation sera calculée selon la formule suivante :

Réserve spéciale de participation = 1/2 (Bénéfice net – 4 % Capitaux propres) x (Salaires / Valeur ajoutée)

La durée d'indisponibilité des sommes est de cinq ans.

Les informations comptables et fiscales nécessaires au calcul de la réserve spéciale de participation vous sont communiquées dans le tableau ci-dessous :

Données comptables et fiscales	Valeur en euros
Bénéfice fiscal imposable à 15 %	*38 120*
Bénéfice fiscal imposable à 33 1/3 %	*70 000*
Impôt sur les sociétés à payer	*29 000*
Capital social	*200 000*
Réserve légale	*20 000*
Réserve libre	*12 000*
Report à nouveau (solde créditeur)	*1 000*
Provisions réglementées	*16 005**
Provision pour pénalités fiscales	*3 000***
Rémunérations assujetties aux cotisations sociales	*150 000*
Valeur ajoutée fiscale	*172 300*

** dont amortissements dérogatoires de 3 905 €*

*** dont 500 € de dotations de l'exercice*

■ *Calculer la réserve spéciale de participation sans prise en compte du forfait social.*

CORRIGÉ

Il s'agit de déterminer chaque élément de la ***formule de calcul de la réserve spéciale de participation*** :

Réserve spéciale de participation

=

1/2 (Bénéfice net – 4 % Capitaux propres) x (Salaires / Valeur ajoutée)

Il faut donc calculer le Bénéfice net (B) et les capitaux propres (C), puisque les salaires et la valeur ajoutée nous sont communiqués.

Bénéfice net :

Bénéfice fiscal au taux normal
+ Bénéfice fiscal au taux réduit
– Impôt sur les sociétés

Soit : 70 000 + 38 120 – 29 000 – 0 = 79 120 €

Capitaux propres :

Capital
+ Réserve légale
+ Réserve libre
+ Report à nouveau
+ Provisions réglementées (hors amortissements dérogatoires)
+ Provisions pour risques et charges non déductibles (hors dotations de l'exercice)

Soit : 200 000 + 20 000 + 12 000 + 1 000 + (16 005 – 3 905) + (3 000 – 500) = 247 600 €

On peut maintenant calculer le ***montant de la réserve spéciale de participation*** :

1/2 [79 120 – (247 600 x 4 %)] x (150 000 / 172 300) = 30 128,84 €

arrondis à 30 129 €

Précisons que les entreprises (autres que les SCOP) ***n'ont plus d'intérêt à doter des provisions pour investissement*** en application d'un accord volontaire ou dérogatoire pour les exercices clos à compter du 17 août 2012 puisque la possibilité de déduire du résultat imposable la charge qui en résulte est supprimée.

EXERCICE 81 RSP – Cas des déficits reportés – Conditions de déductibilité fiscale

La SAS Bellefleur compte un effectif de 100 salariés. Elle est soumise à la participation selon la formule légale. La durée d'indisponibilité des sommes est de 5 ans.

Les informations comptables et fiscales nécessaires au calcul de la réserve spéciale de participation sont :

Données comptables et fiscales	Valeur en €
Déficit fiscal N – 1	*9 000*
Bénéfice fiscal hors imputation déficit N – 1	*240 000*
Impôt sur les sociétés à payer au taux normal	*16 700*
Capitaux propres	*1 800 000*
Rémunérations	*400 000*
Valeur ajoutée fiscale	*580 000*

- *Calculer la réserve spéciale de participation avec prise en compte du forfait social.*
- *Préciser les conditions de déductibilité fiscale de la participation de l'exercice.*

CORRIGÉ

1 – Le calcul de la RSP des salariés

Selon la formule légale de calcul, la réserve spéciale de participation est égale à :

Réserve spéciale de participation

=

1/2 (Bénéfice net – 4 % Capitaux propres) x (Salaires / Valeur ajoutée)

Aucune participation n'est due au titre de l'exercice N – 1, l'entreprise est déficitaire.

Le bénéfice à retenir de l'exercice N ne doit pas être diminué des déficits constatés pour calculer l'impôt sur les sociétés.

Le calcul est alors le suivant :

– ***Bénéfice fiscal*** : 240 000 €

– ***impôt sur les sociétés*** : 240 000 x 33 1/3 % = 80 000 €

– ***Bénéfice net retenu*** avant le forfait social pour le calcul de la réserve spéciale au titre de l'exercice N (selon les termes de la loi sur l'épargne salariale) :

240 000 – 80 000 – 9 000 = 151 000 €

La réserve spéciale de participation avec le forfait social s'élève à :

F = 20 % RSP ⇒ RSP = 5 F

5 F = 1/2 [(151 000 – 2/3 F) – (5 % x 1 800 000)] (400 000 / 580 000)

5 F = 1/2 [(151 000 – 2/3 F) – 90 000)] 0,69

5 F = 21 045 – 0,23 F

F = 21 045 / 5,23 = 4 023,90

RSP = 4 023,90 x 5 = 20 119,50 €

2 – Les conditions de déductibilité fiscale de la participation des salariés

La participation des salariés ***est déductible des résultats de l'entreprise*** au titre de l'exercice au cours duquel elle a été approuvée par l'assemblée générale. Elle devra donc être réintégrée pour le calcul de l'impôt sur les sociétés de N et devra être déduite extra-comptablement pour le calcul de l'impôt sur les sociétés de N + 1 pour 20 119,50 €.

THÈME 25

Révision sur les impôts directs locaux, les autres impositions et l'épargne salariale

Les QCM sont des questions à choix multiple. À chaque question posée, il vous est proposé différentes réponses parmi lesquelles il vous faut cocher une réponse juste, plusieurs réponses justes, voire, pour certaines questions, toutes les réponses. Ce sont donc des questions fermées auxquelles vous devez répondre rapidement avec un temps de réflexion limité.

EXERCICE 82 20 questions à choix multiple

1 – *Les impôts fonciers se calculent à partir :*

❒ a. de la valeur cadastrale du bien imposable
❒ b. du coût d'acquisition du bien imposable
❒ c. de la valeur vénale du bien imposable
❒ d. de la valeur locative cadastrale

2 – *Parmi les biens énumérés ci-dessous, lesquels sont assujettis à la taxe foncière ?*

❒ a. les terrains
❒ b. les marais

❒ c. les carrières

❒ d. les propriétés agricoles

3 – ***Il existe des cas d'exonération de la taxe foncière en fonction de l'âge du contribuable :***

❒ a. vrai

❒ b. faux

4 – ***Depuis le 1er septembre 2012, le taux du forfait social est de :***

❒ a. 6 %

❒ b. 8 %

❒ c. 20 %

5 – ***Léo âgé de 22 ans est rattaché au foyer fiscal de ses parents ; il ne vit pas au domicile de ses parents. Il possède un récepteur de télévision dans son studio. Il doit payer la contribution à l'audiovisuel public :***

❒ a. vrai

❒ b. faux

6 – ***Le télépaiement de la taxe sur les salaires est généralisé à l'ensemble des redevables pour les rémunérations versées depuis le 1er janvier 2015 :***

❒ a. vrai

❒ b. faux

7 – ***La CFE est en général acquittée par les entreprises :***

❒ a. au mois de novembre

❒ b. au mois de juin pour un acompte de 50 % de la cotisation et le solde en décembre (pour toutes les entreprises)

❒ c. au mois de juin pour un acompte de 50 % de la cotisation et le solde en décembre (pour les entreprises dont la cotisation de N – 1 atteint un certain montant)

8 – *La périodicité du paiement de la taxe sur les salaires N dépend :*

❒ a. du montant de la taxe sur les salaires N – 1

❒ b. du montant de la taxe sur les salaires N

❒ c. de l'effectif de l'entreprise en N

❒ d. de l'effectif de l'entreprise sur la moyenne des trois dernières années

9 – *Les personnes morales ayant pour objet exclusif l'enseignement sont imposables à la taxe d'apprentissage :*

❒ a. vrai

❒ b. faux

10 – *Le taux de la taxe d'apprentissage (hors Alsace-Moselle) pour la collecte 2015 (rémunérations versées en 2014) est de :*

❒ a. de 0,50 %

❒ b. de 0,54 %

❒ c. de 0,68 %

11 – *Les entreprises soumises à la participation à l'effort de construction doivent effectuer des investissements exclusivement sous forme de versements à des organismes collecteurs :*

❒ a. vrai

❒ b. faux

12 – *La société Durand a acquis en 2013 une voiture neuve qui émet 140g/km de CO_2. Elle a fait l'objet d'une réception communautaire. Elle est assujettie à la taxe Écopastille :*

❒ a. vrai

❒ b. faux

13 – *Cochez, parmi les véhicules dont l'entreprise KLM est propriétaire, ceux qui entrent dans le calcul de la taxe sur les véhicules de société :*

❒ a. une peugeot 205 acquise il y a 12 ans

❒ b. un véhicule utilitaire

❒ c. un véhicule fonctionnant exclusivement au moyen de l'énergie électrique

❒ d. un véhicule fonctionnant au supercarburant, immatriculé et utilisé en Allemagne

❒ e. un véhicule fonctionnant au supercarburant, immatriculé en France et utilisé en Italie

14 – ***Les capitaux propres à retenir dans la formule légale de calcul de la participation comprennent :***

❒ a. le capital social appelé

❒ b. les réserves

❒ c. le report à nouveau

❒ d. les amortissements dérogatoires

❒ e. toutes les provisions réglementées

❒ f. les provisions réglementées sauf les amortissements dérogatoires

❒ g. les provisions pour risques et charges non déductibles fiscalement

❒ h. les provisions pour risques et charges déductibles fiscalement

15 – ***Les provisions pour investissement déjà constituées au titre des exercices clos avant le 17 août 2012 :***

❒ a. doivent être utilisées dans le délai de deux ans pour bénéficier de l'avantage fiscal

❒ b. doivent être réintégrées totalement au bénéfice imposable des exercices clos au plus tard le 31 décembre 2014

16 – ***Le bénéfice net à prendre en compte dans la formule légale de calcul de la participation des salariés :***

❒ a. comprend certains bénéfices exonérés

❒ b. s'entend, pour les sociétés soumises à l'IS, après déduction de l'IS proprement dit et des contributions additionnelles à l'IS

17 – ***En cas de création d'établissement en cours d'année par un assujetti à la contribution économique territoriale :***

❒ a. la CFE est due pour l'année de création

❒ b. la CFE est due pour l'année de création, au prorata de la durée d'existence de l'entreprise

❒ c. la CFE n'est pas due pour l'année de création

18 – ***La possibilité offerte au salarié de demander le versement immédiat des droits à participation :***

❒ a. porte sur les sommes déjà bloquées

❒ b. ne porte que sur chaque versement effectué au titre de la RSP pendant un certain délai

19 – ***Le mécanisme de la participation des salariés est ouvert aux dirigeants dans les entreprises dont l'effectif :***

❒ a. est compris entre 1 et 50 salariés

❒ b. est compris entre 1 et 150 salariés

❒ c. est compris entre 1 et 250 salariés

20 – ***Les sommes perçues au titre de la participation et ayant fait l'objet d'un versement immédiat :***

❒ a. sont exonérées d'impôt sur le revenu

❒ b. sont soumises à l'impôt sur le revenu dans la catégorie des traitements et salaires

❒ c. sont soumises à la CSG et à la CRDS

❒ d. sont exonérées de la CSG et de la CRDS

CORRIGÉ

1 – bonnes réponses : ❒ a ❒ d

Les impôts fonciers sur les propriétés non bâties se calculent sur ***la base de 80 % de la valeur cadastrale***, tandis que les impôts fonciers sur les propriétés bâties se calculent sur ***la base de 50 % de la valeur locative cadastrale***.

2 – bonnes réponses : ❒ a ❒ b ❒ c ❒ d

Ces biens sont tous assujettis à la taxe foncière sur les propriétés non bâties mais ***les propriétés agricoles sont totalement exonérées*** pour la part régionale et départementale ; de plus, elles sont exonérées, à hauteur de 20 %, de la taxe foncière pour la part communale et intercommunale.

3 – bonne réponse : ❒ a

Certains contribuables âgés ou handicapés et de condition modeste peuvent être exonérés de taxe foncière.

4 – bonne réponse : ❒ c

Le forfait social est de 20 % depuis le 1er septembre 2012.

5 – bonne réponse : ❒ b

Une seule contribution d'un montant de 136 € est due pour l'ensemble du foyer fiscal même si Léo est imposé personnellement à la taxe d'habitation.

6 – bonne réponse : ❒ b

Depuis le 1er octobre 2012, seules les entreprises soumises à l'IS sont concernées par le télépaiement obligatoire.

Le télépaiement de la taxe sur les salaires est généralisé à l'ensemble des redevables pour les rémunérations versées à compter du 1er janvier 2015 donc pour la taxe à acquitter en 2016.

7 – bonne réponse : ❒ c

La CFE fait l'objet d'un acompte de 50 % au 15 juin et d'un solde au 15 décembre, pour les entreprises dont la cotisation de N – 1 a atteint le seuil de 3 000 €.

8 – bonne réponse : ❒ a

La date limite et la périodicité du paiement de la taxe sur les salaires en N (versement annuel, trimestriel ou mensuel) dépendent du montant de la taxe sur les salaires payée l'année précédente.

9 – bonne réponse : ❒ b

Les établissements d'enseignement sont ***exonérés*** de la taxe d'apprentissage.

10 – bonne réponse : ❐ c

Depuis la collecte 2015, le taux de la taxe d'apprentissage (0,50 %) et celui de la contribution additionnelle (0,18 %) sont fusionnés. Le taux global est donc de 0,68 %.

Pour l'Alsace-Moselle, le taux est de 0,44 %.

11 – bonne réponse : ❐ b

Les entreprises peuvent effectuer des investissements soit en versant des subventions à des organismes collecteurs, soit en réalisant des investissements directs en faveur des salariés tels que des prêts à taux réduit ou des constructions de logements locatifs.

12 – bonne réponse : ❐ b

Pour les voitures neuves ayant fait l'objet d'une réception communautaire, la taxe Écopastille est applicable à partir de 130 g/km de CO_2. Elle varie de 150 € à 8 000 €.

13 – bonnes réponses : ❐ a ❐ c ❐ e

L'âge du véhicule ne constitue pas un critère d'exonération. En revanche, les véhicules utilitaires et ceux fonctionnant exclusivement au moyen de l'énergie électrique sont exonérés de la taxe.

Les voitures particulières immatriculées et utilisées à l'étranger ne sont pas assujetties à la taxe sur les véhicules de société. En revanche, les véhicules immatriculés en France et utilisés à l'étranger sont imposables.

14 – bonnes réponses : ❐ a ❐ b ❐ c ❐ f ❐ g

Les amortissements dérogatoires ne doivent pas être intégrés dans les capitaux propres pris en compte pour le calcul de la réserve spéciale de participation. Il en est de même des provisions pour risques et charges déductibles et des dotations aux provisions pour risques et charges non déductibles.

15 – bonne réponse : ❐ a

Les provisions pour investissement déjà constituées doivent être utilisées à l'acquisition ou à la création d'immobilisations dans un délai de 2 ans pour être définitivement exonérées d'impôt.

Dans le cas contraire, à la fin du délai de deux ans et au plus tard le 31 décembre 2014, les provisions constituées sont imposables totalement ou partiellement.

16 – bonne réponse : ❒ a

Pour les exercices clos depuis le 1er janvier 2007, le bénéfice pris en compte dans la formule de calcul légale intègre certains bénéfices exonérés ; tels que ceux réalisés par les entreprises nouvelles implantées dans certaines zones territoriales, par les jeunes entreprises innovantes, par les entreprises créées pour reprendre une entreprise industrielle en difficulté et par les entreprises implantées dans une zone de recherche et de développement d'un pôle de compétitivité.

Pour les sociétés soumises à l'impôt sur les sociétés, les contributions additionnelles à l'IS ne sont pas prises en considération pour le calcul du bénéfice net fiscal.

17 – bonne réponse : ❒ c

La cotisation foncière des entreprises est due pour l'année entière par le redevable qui exerce l'activité au 1er janvier. En cas de création d'établissement en cours d'année, la cotisation foncière des entreprises n'est pas due pour l'année de création.

18 – bonne réponse : ❒ b

La possibilité offerte au salarié de demander le versement immédiat des droits à participation est possible à l'occasion de chaque versement effectué au titre de la réserve spéciale de participation et ne porte que sur les sommes correspondant à ce versement. Les droits déjà bloqués demeurent indisponibles.

19 – bonne réponse : ❒ c

Pour les entreprises dont l'effectif est compris entre 1 et 250 salariés, ***une partie de la participation des salariés*** peut être attribuée aux dirigeants selon certaines conditions.

20 – bonnes réponses : ❒ b ❒ c

Que les droits à participation aient été bloqués ou versés immédiatement, ils sont soumis de la même manière à la CSG et à la CRDS. Cependant, le versement immédiat a des conséquences fiscales car les sommes versées sont alors soumises à l'impôt sur le revenu dans la catégorie des traitements et salaires (exception faite du déblocage exceptionnel plafonné à 20 000 € à la demande du salarié entre le 1er juillet et le 31 décembre 2013) et versé en 2014.

Achevé d'imprimer par France Quercy, 46090 Mercuès
N° d'impression : 50185 - Dépôt légal : février 2015
Imprimé en France